Corpo

Coleção **Parentalidade & Psicanálise**

Corpo

1ª reimpressão

(ORGANIZADORAS)
Daniela Teperman
Thais Garrafa
Vera Iaconelli

Cult autêntica

EDITORAS RESPONSÁVEIS
Cecília Martins
Rejane Dias

REVISÃO
Aline Sobreira

PROJETO GRÁFICO
Diogo Droschi

DIAGRAMAÇÃO
Larissa Carvalho Mazzoni

Dados Internacionais de Catalogação na Publicação (CIP)
(Câmara Brasileira do Livro, SP, Brasil)

Corpo / organização Daniela Teperman , Thais Garrafa , Vera Iaconelli. -- 1. ed.; 1. reimp. -- Belo Horizonte, MG : Autêntica, 2022. -- (Parentalidade & Psicanálise / coordenação Daniela Teperman , Thais Garrafa , Vera Iaconelli)

ISBN 978-65-5928-009-4

1. Psicanálise 2. Psicologia 3. Parentalidade I. Teperman, Daniela. II. Garrafa, Thais. III. Iaconelli, Vera. IV. Série.

21-54295 CDD-150

Índices para catálogo sistemático:
1. Psicologia 150

Aline Graziele Benitez - Bibliotecária - CRB-1/3129

GRUPO **AUTÊNTICA**

Belo Horizonte
Rua Carlos Turner, 420
Silveira . 31140-520
Belo Horizonte . MG
Tel.: (55 31) 3465 4500

São Paulo
Av. Paulista, 2.073, Conjunto Nacional, Horsa I
Sala 309 . Cerqueira César 01311-940
São Paulo . SP
Tel.: (55 11) 3034 4468

www.grupoautentica.com.br
SAC: atendimentoleitor@grupoautentica.com.br

Sumário

Coleção Parentalidade & Psicanálise

Daniela Teperman, Thais Garrafa e Vera Iaconelli

A Coleção Parentalidade & Psicanálise surge com o objetivo de delimitar um campo de estudos sustentado em parâmetros éticos de escuta e respeito à subjetividade, condizente com os desafios impostos pelos atravessamentos históricos, culturais e sociais. Para tal, circunscrevemos *parentalidade* como tema que abrange a produção de discursos e as condições oferecidas pela geração anterior para que uma nova geração se constitua subjetivamente em uma determinada época. Isso implica considerar os sujeitos que se incumbem dessa tarefa no plano singular e o campo social que os enlaça.

A articulação entre parentalidade e psicanálise justifica-se pela necessidade de separar a temática da parentalidade do universo normativo que marcou sua gênese e que, nos tempos atuais, contribui para a ascensão de práticas dogmáticas, mercantis e obscuras. Sem a pretensão de que haveria uma época livre da busca por garantias e predições diante dos aspectos intangíveis e imponderáveis da criação de crianças, nos cabe mapear a nossa e fazer frente aos discursos universalizantes.

A psicanálise trata das questões da parentalidade a partir de seus elementos estruturais, isto é, para além dos efeitos imaginários de cada época, e, nesse contexto, situa também o mal-estar inerente às relações humanas e à nossa entrada na cultura. Com essas ferramentas, a psicanálise integra um campo de estudos multidisciplinares sobre o universo parental, ao mesmo tempo que aporta, a esse campo, inquietações que convidam seus integrantes a um constante reposicionamento diante da singularidade de cada caso. Desde Freud, a psicanálise tanto elucida

– "Freud explica!" – quanto inquieta, desconcerta e nos movimenta em torno dos mistérios do inconsciente e do mal-estar na civilização.

A psicanálise marca, portanto, sua peculiar posição no campo de estudos da parentalidade: ocupa um lugar de composição e de exterioridade. Como integrante do conjunto, oferece seu dizer e seu saber sobre o exercício das funções parentais, de caráter estrutural, para entender a constituição do sujeito na família e para além do universo pai-mãe-bebê. Em sua posição de exterioridade, presta-se a produzir aberturas onde o conhecimento instrumentalizante tende ao fechamento e à produção de ingerências sobre a criação de crianças. Para fazer frente ao imperativo contemporâneo de oferecer a última palavra, propomos sustentar inquietações e os possíveis saberes que delas possamos extrair.

A Coleção Parentalidade & Psicanálise é composta por cinco volumes. No primeiro deles, *Parentalidade*, encontram-se as principais inquietações que norteiam os estudos sobre o tema a partir da psicanálise. *Laço* articula-se a esse campo com ênfase nas relações que participam da estruturação do sujeito. Em *Gênero*, são discutidas as relações entre funções parentais, gênero e sexo, em um diálogo entre a psicanálise e diversas áreas do saber. *Corpo* aborda os entrelaçamentos entre pulsão e linguagem, os modos como os sujeitos habitam seus corpos e as incidências do discurso social, particularmente sobre a mulher e a mãe. O volume final reúne textos produzidos a partir do eixo Tempo.

Cada um dos cinco volumes está organizado em quatro seções:

1. Na "Apresentação", delimitamos cada um dos temas escolhidos em sua relação com a parentalidade, situando questões que se abrem à reflexão.
2. A segunda e maior seção, "Fundamentos", é formada por textos de diferentes autores que trazem conceitos centrais da psicanálise, articulando-os à temática da parentalidade.
3. Na terceira seção, "Parentalidade e mal-estar contemporâneo", um psicanalista é chamado a refletir sobre aspectos da contemporaneidade nos quais se apresentam questões cruciais para o estudo da parentalidade na época atual.

4 Na seção "Interlocuções", autores de outras áreas do conhecimento trazem sua contribuição para o tema, de modo a abrir portas, no fim, para outros começos, e a marcar que a psicanálise não pode tudo dizer.

Propusemos a psicanalistas e teóricos de instituições diversas o desafio de realizar essa transmissão por meio de textos rigorosos e, ao mesmo tempo, acessíveis a leitores e leitoras de diversas áreas. Agradecemos a todos os autores que aportaram ao campo de estudos da parentalidade sua preciosa contribuição.

Boa leitura!

APRESENTAÇÃO

O corpo e a ética da psicanálise

Daniele Rosa Sanches

[...] o homem imagina enquanto que pensa.
Ele pensa enquanto que fala.
Esta palavra tem efeito sobre seu corpo.
Jacques Lacan, *Conferências americanas.*

A teoria sobre o corpo se enlaça à ética da clínica psicanalítica.

Uma ética é aquilo que fundamenta um ato. Para a psicanálise, o fundamento do ato é o desejo.

Há atos humanos cujos fundamentos a razão consciente desconhece. Além disso, as ações do homem sobre o mundo abarcam grandes paradoxos, e um deles é nossa estranha relação com o corpo, amado e odiado, simultaneamente. Não obstante, os modos de satisfação com os quais um corpo se deleita jamais serão unânimes entre os homens. Pelo olhar da psicanálise, nossas ações não são fundamentadas por uma razão única, presumidamente válida para todos. Para um psicanalista, os atos de um sujeito são movidos por desejos que só ele pode reconhecer. Justamente por isso, uma análise é uma ética. É uma ética através da qual cada um é levado a se responsabilizar pelo que deseja. Isso implica medir e assumir as consequências dos próprios atos. O que desejam os seres humanos? Não sabemos no atacado. Cada corpo, uma sentença.

Corpo e mal-estar: dentro e fora

Jacques Lacan, especialista em desentocar os sentidos ocultos atrás das cenas, sugere que Sigmund Freud legou ao mundo não apenas uma teoria do inconsciente, mas também uma nova concepção de corpo. Isso levou a psicanálise a se distanciar das narrativas éticas fundamentadas na racionalidade e no cristianismo (Lacan, [1959-1960] 2008b).

Pela linha da racionalidade, na tese kantiana, a razão deveria levar cada homem a agir em conformidade com a lei moral. Pelo cristianismo, os atos humanos deveriam seguir o seguinte princípio: *ame a teu próximo como a ti mesmo*. No imperativo cristão, o amor por si; no imperativo kantiano, a soberania da razão. O mundo sabe, entretanto, que nem sempre a razão ou o amor ditam os atos entre os homens. A psicanálise se depara com tal fracasso e teoriza sobre isso.

Sigmund Freud avisa ao mundo que, por mais que o homem se esforce e queira usar a razão e o amor como fundamentos de seus atos, nem sempre consegue. O inconsciente age à revelia das universalidades teóricas, e as ações dirigidas ao corpo mostram isso. Jacques Lacan ([1959-1960] 2008a) sugere que todos observemos as relações do corpo com as imagens que nos cercam. As imagens ao redor moldam a experiência corporal, pela via da exigência. Ódio e irracionalidade comparecem no teatro social, e tais antinomias são frutos de uma inversão histórica na concepção de corpo. Para o homem medieval, o mal vinha do exterior para o interior. Mas o homem moderno descobre que faz mal a si mesmo.

Antes de Freud, os homens podiam partilhar do consenso de que o adoecimento corporal tinha origem sempre exógena. O mal invadia o corpo de fora para dentro. A sociedade estava acostumada a justificar os adoecimentos como castigos divinos ou signos da presença invasiva do diabo – aquele mal que entra no corpo sem ser chamado. Michel Foucault ([1961] 2010) mostrou como as representações do diabo nas pinturas renascentistas revelam as mazelas que se abatiam sobre a Terra, sob a ótica da punição. A peste negra, a melancolia, a loucura, a cólera e as perversões sexuais, por séculos, foram todas agrupadas como notícias do inferno ou como signos da fúria de Deus. Possuídos pelo mal, loucos, depravados e leprosos eram agrupados e enviados numa nau rumo ao mar aberto. O espaço civilizado compartilhado ficaria reservado somente aos saudáveis, que supostamente sabiam fazer o uso exclusivo da boa conduta. Corpos doentes e disformes eram lançados ao mar na esperança de que afundassem no vazio.

Com Freud, o homem descobre que o disforme, o paradoxal e o irracional moram dentro dele. A publicação de *A interpretação dos sonhos* ([1900] 1996) mostra ao mundo que o homem não domina tudo que pensa, tampouco conhece o que deseja. Por mais racionais e moralistas que sejamos, nunca vamos conseguir escolher o que nosso corpo irá sonhar de noite. A luz da razão se apaga diante da força do desejo.

A partir de Freud, a humanidade já não mais consegue sustentar a versão de que o corpo só adoece ou sente dor quando é invadido por um mal externo. A descrição freudiana do masoquismo, por exemplo, descreve sujeitos que deliberadamente buscam o prazer na dor. Estranha e irracional relação entre corpo e prazer. Entretanto, o corpo como abrigo do irracional não se define apenas pelas descrições das perversões.

Ao escutar as paralisias histéricas, Freud mostrou que um desejo inconsciente pode comandar adoecimentos corporais, sem quaisquer danos fisiológicos. De dentro para fora, sintomas desprovidos de origem orgânica atestam a presença de insatisfações e tristezas silenciadas pelo sujeito. Freud revela que o conteúdo censurado durante o dia tende a invadir os sonhos durante a noite.

O homem da razão passa a odiar um corpo que sonha sem seu consentimento.

Corpo e castigo: em nome do amor

As criaturas desfocadas que aparecem nos nossos sonhos não podem ser agrupadas e enviadas numa nau. O corpo sonha, enquanto a razão adormece. Jacques Lacan estava certo. Freud não apenas descobre o inconsciente, mas descobre também que os filhos do iluminismo odeiam tudo aquilo que sua racionalidade não consegue controlar. Se o há um mal desconhecido que mora dentro do corpo, então, é preciso aniquilá-lo.

Eis que o ódio do homem é dirigido a si. E seu corpo paga caro por isso.

Dentre todos os animais que habitam o planeta, o homem é o único bicho que luta contra si mesmo. Pune seu corpo por não cumprir certas exigências da racionalidade moderna. Ainda hoje, *corpo* e *castigo* continuam a andar juntos, principalmente no exercício da parentalidade. Atualmente, o agente do castigo corporal não é Deus nem o diabo, mas sim o ser humano, que atua como seu carrasco voluntário.

Não raro escutamos no divã pais, mães e filhos que são os mais cruéis inimigos do próprio corpo.

Devotos da lógica do sacrifício, vemos o corpo ser levado muito além dos limites cabíveis em papéis sobrepostos, discursados e racionalizados *em nome do amor*. Na atualidade, um número crescente de jovens mães, além de manter o corpo dedicado aos filhos através da amamentação continuada, cobra-se por autonomia financeira e ainda é responsável por acompanhar o desempenho dos filhos nas tarefas da escola e pelos afazeres da casa. Corpos exaustos e existências subjetivas silenciadas.

É certo que não são apenas as mães que esgarçam os limites corporais *em nome do amor*.

Tive a oportunidade de ouvir um executivo que queria quitar antecipadamente o pagamento da escola de suas crianças, do jardim à formatura. Ele pensava que, se morresse, a sua obrigação de pai era deixar a escola paga. Esse homem não se autorizava a dormir. Exangue pelo cansaço, preferia consumir anfetaminas para se manter acordado, em vez de consentir com os limites do corpo. Nem dormia nem brincava. Pai devoto, ele raramente via os filhos, afinal, em vida trabalhava além da morte.

Do lado dos filhos, a retórica da punição ao corpo também comparece. Além de o abuso de álcool ser uma realidade presente em adolescentes, também acompanhamos aqueles que cortam o próprio corpo com lâminas. O mal dirigido ao corpo faz enigma. Com votos de silêncio, preferem fazer o corpo sangrar a dizer a verdade sobre o mal-estar que nele habita.

Corpos maltratados *em nome do amor* no exercício da parentalidade. Diante disso, a psicanálise encara o fracasso do imperativo: *ame a teu próximo como a ti mesmo*. Afinal, se amas a ti mesmo castigando seu corpo, então, que tipo de amor reservarás ao próximo? É fato que um psicanalista tem por função devolver a mensagem de forma invertida: *e, então, amar é sacrificar ao próximo como a ti mesmo?*

Via de regra, alguém que sacrifica o próprio corpo *em nome de* uma devoção ao outro tende a exigir ou a esperar que o outro faça um sacrifício semelhante, como prova de amor. Tal lógica da devoção costuma levar ao aniquilamento mútuo. Inocentes são aqueles que acreditam que castigar a si é amar ao outro.

Corpo e sacrífico: em nome do bem maior

A exaustão corporal à qual muitos pais se submetem acaba por se distanciar da lógica do amor.

A díade *corpo* e *sacrifício*, em geral, não se inscreve no campo do amor, mas sim no da dívida. Uma espécie de dívida a pagar perante a exigência cultural da imagem da parentalidade – muitos, inclusive, pagam a dívida para esconder o desconforto com a decisão tomada, consciente ou não, de ter um filho, ato que dá trabalho na vida.

Voltemos a indagar: *quais as relações do corpo com as imagens que nos rodeiam*?

A resposta que muitos encontram é que a exaustão corporal é fruto de uma tentativa de responder a um ideal de imagem parental que pesa sobre os ombros. Desde a época em que adoecer era índice da presença do diabo, ser pai e ser mãe foram impregnados como signos de uma dádiva. Mas sabemos todos que, em matéria de divino, o sacrifício almeja redenção. Nessa espera, muitos pais aguardam eternamente por um reconhecimento dos filhos, que nunca chega ou nunca está à altura da devoção empenhada. Pais frustrados de um lado. Filhos culposos e paralisados de outro, afinal, como colocar o corpo para desfrutar da vida e, ao mesmo tempo, devolver a quota de sacrifício que lhes foi entregue?

O castigo e o sacrifício de hoje, em tese, visariam ao alcance de um *bem maior*, amanhã. Observem. A lógica do amor rapidamente é engolida pela lógica do bem. Eis a armadilha de levar a parentalidade como o exercício de uma razão, ao modo kantiano. O discurso do amor sucumbe à racionalização da busca por um *bem maior*. Costuma ser um bem justificado, que se equivoca ao impor o castigo do corpo como condição necessária ao avanço da vida. A armadilha de exercer a parentalidade sempre *em nome de um bem* é que, inesperadamente, isso pode converter-se na busca de um bem a qualquer custo.

Adentramos um campo minado.

Lembremos que o roteiro que promove e discursa sobre o sacrifício e a punição *em nome do bem maior* tem o histórico de levar a humanidade a desfechos trágicos. As atrocidades cometidas por Hitler, por exemplo, seguiam esse princípio de racionalidade. Atos monstruosos se fundamentavam no discurso de que se buscava um suposto "bem maior" para o povo alemão. Assim, para a psicanálise, é fato que a crueldade, de tempos em tempos, comparece velada e mascarada *em nome do bem* (Sanches, 2019). Em função dessa verdade, Lacan ([1963] 1998) sugere ler *Kant com Sade*, pois observa que, no que tange à relação de corpos, a ética da razão em busca de um bem facilmente pode escorregar para o discurso da perversão. A retórica sádica escancara tal paradoxo. Para a fantasia sádica, dotada de ironia ácida, cada homem deveria ter direito ao gozo ilimitado *em nome do bem* de todos; afinal, supostamente todos se beneficiariam em gozar sem regras. Eis uma das utopias mais perversas da humanidade: supor que um corpo tem o "direito de posse" sobre outro corpo.

O tema da posse e do domínio de corpos é, por fim, o ponto mais delicado das relações parentais entre um bebê e seu mundo. O corpo do bebê é inteiramente submetido aos cuidados do outro. A parentalidade, entretanto, não é o exercício de uma posse, tampouco do domínio do corpo da criança. Ao contrário, é o empréstimo de traços, cujos vetores saem de um corpo para fundamentar a existência de outro corpo. Esses vetores são circuitos pulsionais. Trata-se do empréstimo do olhar, da voz e das palavras, veiculadas por afetos e cuidados que desenham ao bebê o seu corpo, enquanto situado no campo do desejo do Outro – que abarca o desejo materno e a função paterna.

Um bebê entrega-se aos cuidados do Outro, por isso a separação de corpos entre pais e filhos não é tarefa óbvia. Maud Mannoni ([1965] 1999), uma das analistas de crianças mais elogiadas por Lacan, defendia a tese de que em certas simbioses entre mães e filhos estaria em cena uma fantasia de *fusão de corpos*. Ela constatava que algumas crianças, saudáveis do ponto de vista neurológico, atrasavam o domínio motriz do corpo, por se apoiarem em demasia no corpo materno. A tese da *fusão de corpos* é, acima de tudo, fusão subjetiva. Na parentalidade há um risco de o movimento de amar ser fundamentado pelo desejo de se fundir. Por isso, a construção subjetiva do corpo de uma criança envolve necessários processos de separação entre pais e filhos.

Em síntese, a psicanálise olha para as relações entre corpo e parentalidade com sua ética e indaga: que desejo é esse que faz um corpo fundir-se a outro, que lança alguns à lógica do sacrifício eterno, que troca afetos por notas promissórias a serem pagas no futuro? Cada corpo, uma sentença, mas é necessário lembrar que essa sentença advém das relações do corpo com as imagens que nos cercam, e tais imagens, às vezes, sufocam.

Causa espanto que, num mundo pós-moderno, as imagens da santa mãe e do todo-poderoso pai ainda continuem a engessar as formas de amar, ditando a lógica do sacrifício e da racionalidade desmedida na busca de um bem, sempre alhures. Não nos enganemos! A imagem da parentalidade como uma dádiva não é sinônimo da bondade, mas, principalmente, o carimbo da ilusão da onipotência, traço próprio às divindades. A onipotência não é apenas um poder, mas também a ilusão de que os limites não deveriam existir. No exercício parental, a ultrapassagem dos limites é anunciada por um mal-estar no corpo. Um corpo-sintoma que reclama, que falha, que se cansa e cogita desistir. O corpo que tem limites não é um mal a ser combatido, mas sim um sofrimento a ser escutado.

Diante dos paradoxos de afetos entre pais e filhos, não é possível embalar a própria castração e enviá-la numa nau com a esperança de que afunde, para que então triunfe uma imagem parental heroica. A razão não triunfa sobre o inconsciente, que, em geral, atrapalha-se quanto àquilo que fundamenta seus atos.

A palavra tem efeito sobre o corpo, disse Lacan. Assim, é absolutamente legítimo que a parentalidade queira ser conjugada pelo verbo "amar". Mas amar não é sinônimo de exercer a racionalidade desmedida, tampouco o culto do sacrifício eterno. Para a ética da psicanálise (avessa a projetos de redenção), amar vale enquanto ato, desde que seja fundamentado no desejo.

Se é para amar, que seu fundamento seja o desejo, e não um discurso "*em nome de*".

O corpo e seus capítulos

Os psicanalistas que aceitaram o desafio de escrever sobre as relações entre *corpo e parentalidade* lançaram luz sobre os paradoxos envolvidos nessa dinâmica. Os capítulos deste volume foram escritos por autores com diferentes percursos e abrangem ângulos múltiplos do tema.

O feminino, a maternidade e as relações inaugurais do bebê com a mãe comparecem como eixo privilegiado do debate, sob vários ângulos. O leitor tem a oportunidade de percorrer, num só volume, diferentes fotografias teóricas das relações entre *corpo e parentalidade*. De um lado, alguns textos possuem focos detalhados que capturam conceitualmente os instantes inaugurais de enlaçamento do corpo do bebê com a vida que o cerca. De outro lado, alguns capítulos são dotados de ângulos abertos, cujas visadas panorâmicas dos processos históricos demonstram as desigualdades que marcam o corpo, sua relação com a parentalidade e os imperativos sociais em cena.

Na parte "Fundamentos", a coletânea é aberta pelo capítulo "O que é um corpo? Como responde a psicanálise?", escrito por Dominique Touchon Fingermann. A autora situa os mistérios do corpo como indagações à medicina e também como o ponto de partida da psicanálise, através da escuta freudiana da histeria. O texto resgata a noção do corpo como um processo, através do qual uma consistência é adquirida por incorporações. Em seu argumento, o corpo tem seus pilares culturais e é marcado pelos significantes, verdadeiras trilhas que permitem ao sujeito fazer um mapeamento da edificação que o constituiu.

Na sequência, o capítulo "Corpo e língua materna", escrito por Nina Virginia de Araújo Leite e Paulo Sérgio de Souza Jr., imprime uma cadência musical atravessada por conceitos complexos, esculpidos com leveza ímpar. Os autores revelam como as palavras são embaladas pelas tonalidades da voz, que promovem o enraizamento da língua materna ao corpo do bebê. A entrega corporal é acompanhada de perto. Na belíssima imagem usada no texto, o corpo da criança aparece como habitado por um cavalo de Troia verbal, e tal presente recebido irá sitiar para sempre o sujeito e seu corpo.

No texto "O pior cego é aquele que não quer escutar", o psicanalista Mauro Mendes Dias articula o conceito de voz à dimensão política do laço social e faz o exame da amálgama entre voz e olhar. O autor reflete sobre a cegueira subjetiva daqueles que não admitem serem afetados pela verdade. Mostra como os traços constitutivos da relação primordial dificultam a ligação do olhar com a verdade que se escuta. Na tese do texto, o traço de cegueira é potencializado como uma especialidade do capitalismo. O autor demonstra que certos fundamentos da constituição psíquica permitem a leitura de determinadas formas de laço social.

O último texto da categoria sobre os fundamentos é "A marca materna", de Colette Soler. A crítica da autora recai sobre as doutrinas psicanalíticas que insistem em discursos normativos e recriminatórios a respeito da mãe, sempre "acusada de", seja pelo excesso, seja pela falta de zelo junto aos filhos. O texto deixa em evidência a teoria lacaniana como diferente das demais teses ao ressaltar que, para Jacques Lacan, a mãe se imprime ao filho como ser de fala. Nesse contexto, a posição materna é, em termos analíticos, a marca que o sujeito recebeu do Outro. A mãe é a primeira representante dos poderes do verbo, enfatiza Soler.

Na parte "Parentalidade e mal-estar contemporâneo", o capítulo "O corpo da mulher e os imperativos da maternidade", escrito por Maria Helena Fernandes, faz da psicanálise um potente instrumento de crítica social. A autora mostra como a mudança dos nossos tempos, com maiores e melhores condições de inserção da mulher, não se converteu numa transformação de ideais, mas sim num acúmulo deles. Argumenta como o corpo da mulher é exigido a exercer um truque contemporâneo que impõe ideais múltiplos, revelando um tipo de sofrimento feminino que sucumbe aos imperativos de cada época.

Na seção "Interlocuções", o capítulo de Aline Veras Brilhante, "Da instrumentalização do ventre à biopolítica da maternidade", sobe o tom da crítica social. O texto descortina camadas sistêmicas que compõem a violência simbólica formada por desigualdades sociais, preconceitos morais, racismo e preceitos patriarcais que avançam sobre o corpo da mulher. Instrumentalizado como palco de um mercado tecnológico, a autora mostra como o corpo das mulheres e seus modos de parir são signos das diferenças de classe, que promovem históricos processos de aprisionamentos subjetivos.

Finalizando o volume, o capítulo "Maternidade, racismo e corpo", da autora Daniela Roberta Antonio Rosa também é movido pela pesquisa sobre a desigualdade social e racial. A autora revela como as altas taxas de mortalidade que comparecem entre as parturientes negras, em comparação com as mulheres brancas, mostram uma sociedade desigual que crê ter abolido a escravidão, quando, no fundo, reproduz sua manutenção. O texto desvela ainda como a imagem da "mãe preta" participa de uma história não contada da luta pela abolição no Brasil, marcada por um ideal higienista.

O volume *Corpo* traz ao leitor capítulos signatários da pluralidade de vozes das autoras e dos autores. Um ótimo instrumento de debate sobre um tema difícil. Sem unificação de discursos, cada capítulo, a seu modo, revela que, nas relações entre parentalidade e desejo, o corpo carrega tanto o traço mais singular de suas primeiras experiências quanto as insígnias sociais mais coletivas que atravessam gerações. Boa leitura!

Referências

FOUCAULT, M. *História da loucura* [1961]. São Paulo: Perspectiva, 2010.

FREUD, S. *A interpretação de sonhos (I) (1900).* Rio de Janeiro: Imago, 1996. (Edição Standard das Obras Psicológicas Completas de Sigmund Freud, IV).

LACAN, J. As pulsões e seus engodos. *In: O seminário, livro 7: A ética da psicanálise* [1959-1960]. Rio de Janeiro: Zahar, 2008a. p. 109-123.

LACAN, J. *Conferências americanas: Universidade de Yale.* 1975. Disponível em: bit.ly/3d35wip. Acesso em: 11 fev. 2021.

LACAN, J. Kant com Sade [1963]. *In*: *Escritos*. Rio de Janeiro: Zahar, 1998. p. 776-803.

LACAN, J. *O seminário, livro 7: A ética da psicanálise* [1959-1960]. Rio de Janeiro: Zahar, 2008b.

MANNONI, M. *A criança retardada e a mãe* [1965]. São Paulo: Martins Fontes, 1999.

SANCHES, D. R. Crueldade e manejo da verdade: notas sobre o véu e a máscara. Biblioteca Virtual do Instituto Vox de Pesquisa em Psicanálise, set. 2019. Disponível em: encurtador.com.br/klyJ1. Acesso em: 17 ago. 2020.

FUNDAMENTOS

O que é um corpo?
Como responde a psicanálise?

Dominique Touchon Fingermann

O corpo é o desafio cotidiano da medicina e da farmacologia, é um campo de pesquisa inesgotável para a biologia, a antropologia, a sociologia. A livre disposição do corpo é uma das determinações jurídicas fundadoras do direito: *habeas corpus*. A arte em geral, e evidentemente a dança em particular, apresentam diversas modalidades de expansão do corpo. O corpo, enfim, representa um lucro insaciável para a moda e o mercado.

Podemos até dizer que os limites do corpo e suas possíveis extensões no tempo e no espaço constituem o interesse principal, o desafio permanente, para não dizer a obsessão, da ciência, da filosofia, da religião.

Precisamos, também, que não podemos responder à questão "O que é um corpo?" sem considerar a sua consistência própria, a corpulência que delimita um indivíduo único, e, simultaneamente, o potencial de sua extensão no mundo e nos laços com os outros corpos.

"*Soma*", em grego, "*corpus*", em latim; antes de nomear o corpo vivo, ambos tiveram o sentido de "cadáver" – o corpo morto: o escândalo do corpo é sua finitude. Esticar os limites dessa finitude do corpo parece ser o mote e a mola da humanidade e da extensão infinita de seus recursos próprios.

Vale notar que "*corpus*", em latim, parece proceder de "*cucurbita*" (abóbora), e significou "volume", "conjunto", "consistência material" antes mesmo de denotar o corpo do humano, morto e depois vivo.

A psicanálise, por sua vez, cuidaria da alma: "*psyché*"? "Tratamento da alma", diz Sigmund Freud ([1905] 2000a), em um dos primeiros escritos no qual explicitava as premissas de seu método. A psicanálise – a sua metodologia terapêutica e o arcabouço teórico que a sustenta – não cuidaria do corpo?

Desde a sua invenção por Freud, ela tem somente um meio – a fala do paciente, já que a regra de seu jogo, condição da sua eficácia, é "falar tudo o que lhe passar pela cabeça", sem vergonha nem censura, do lado do *analisante*; do lado do analista, a regra é silêncio, neutralidade e abstinência. O psicanalista, sentado na poltrona atrás do paciente, propõe de antemão a colocação entre parênteses do corpo, da sua aparência, expressividade e pantomimas, que costumam se oferecer para o olhar de qualquer interlocutor. A fala, suas modulações e seus recursos poéticos são privilegiados com relação ao acesso à "Outra cena", na qual se tramam os meandros da subjetividade de cada um. Como, então, validar um discurso sobre o corpo a partir do que a psicanálise pode apreender do ser humano?

O corpo ponto de partida da psicanálise

Lembramos, antes de tudo, que o corpo foi o ponto de partida da descoberta da psicanálise, ou seja, da consideração dessa dimensão própria a cada um: o inconsciente. Embora este, por definição, escape ao conhecimento e à ciência, seus efeitos se manifestam nos rateios e tropeços da fala, do corpo, dos laços: atos falhos, sonhos e sintomas trazem notícias dessa incógnita, o mistério e a singularidade inconscientes que qualificam a identidade e o destino de cada um.

A psicanálise começou quando Sigmund Freud localizou um "outro" corpo, no seu consultório com seus pacientes "nervosos", nos debates com os colegas sobre os impasses no tratamento das histéricas, na sua experiência em Paris com o professor Charcot. Com efeito, as pacientes histéricas do final do século XIX apresentavam outro corpo, paradoxal, rebelde às construções e revelações da ciência médica. A atipia das paralisias histéricas mostra que as suas características visíveis não remetem a nenhuma causa orgânica conhecida, ignoram a anatomia e a fisiologia: "a histeria se comporta nas suas paralisias e outras manifestações como se a anatomia não existisse ou que ela a desconhecesse totalmente" (Freud, [1893] 1996, p. 213).

O mistério que se evidenciava aí, o desafio que ele implicou, lançou Freud na aventura que devia – depois de Darwin e Copérnico – colocar o centro do homem no seu devido lugar: além e aquém do que as luzes da ciência e da razão tinham até então apreendido.

Seguindo o caminho indicado pelos próprios pacientes ("Deixe-me falar, por favor!"), o inventor da psicanálise constatou que a fala desencadeava associações que remetiam, todas, às experiências atuais de encontros ou desencontros eróticos e, mais além, às lembranças de vivências precoces de prazeres e desprazeres que conduziram a interpretar os sintomas como "conversões", manifestações transfiguradas de excitações sexuais. Os sentidos dos sintomas e a exploração de suas modalidades de formação levaram às atrapalhações da sexualidade, e, em seguida, à constatação da sexualidade infantil.

Podemos acrescentar, desde já, que, se o corpo indisciplinado das histéricas foi o ponto de partida da psicanálise, o corpo "sintomal" constitui igualmente o ponto de partida de cada análise. "Sinto-me mal, não estou me sentindo bem, alguma coisa da vida não funciona"; inibições, sintomas, angústia – sem sentido – incitam as pessoas a procurarem um psicanalista, que poderia abrir o caminho desse mistério que atrapalha, imobiliza, e paralisa às vezes, o curso das vidas. Distúrbios do sentir, dos sentimentos, do sentido perturbam o bom funcionamento do "sentir-se vivo" de quem se atreve a procurar os motivos da sua "dor de existir". Nem sempre o problema inaugural de uma demanda de análise aponta o corpo como lugar do mal-estar; na maior parte das vezes, os sofrimentos que fazem questão a ponto de levarem alguém a se consultar com um especialista dos enigmas do ser humano são os limites, as faltas, os excessos, nas performances pessoais e/ou nos laços – com o mundo, com o outro em geral, o pai, a mãe, os filhos em particular e, sobretudo, os parceiros sexuais. Onde está o corpo nisso tudo? O corpo se mostra nessas queixas com seus limites ou excessos que atrapalham as performances subjetivas de cada um, suas capacidades de laços e sua propensão ao gozar da vida.

Contudo, precisamos, obviamente, definir o que consideramos aqui – na perspectiva da psicanálise – como corpo.

A construção do corpo

A criança nasce com um organismo predeterminado pela sua herança genética, que se desenvolverá segundo as condições epigenéticas que o entorno e as circunstâncias lhe proporcionarão.

Para a criança "ter" um corpo, adquirir uma consistência corporal inconfundível, será preciso uma complexa operação de incorporação, que se inicia desde os primeiros instantes da vida, e até mesmo antes, no período pré-natal. O corpo do ser humano é um corpo construído, edificado, produzido pelas experiências simultâneas e sucessivas que esse pequeno ser imaturo atravessará, graças aos cuidados dos parceiros cuidadores: geralmente pais e mães, sabendo que as circunstâncias culturais, sociológicas e antropológicas modificam bastante a definição do que pode vir a ser o parceiro cuidador do pequeno "*infans*".[1]

O corpo não é natural; a própria ciência genética validaria essa afirmação, pois o desenvolvimento, a expressão de bagagem genética do corpo depende das condições fenotípicas que a realizarão.

Inclusive, basta olhar as diferentes culturas que temos ainda ao alcance de nosso olhar, apesar da globalização, para constatar essa produção cultural imediata do corpo do *infans*. Temos no Brasil a sorte de poder viver – ainda – na proximidade de populações ameríndias (Castro, 2002) que nos oferecem a oportunidade de ver como o corpo, sua forma, sua aparência, suas extensões, suas funções são reguladas e organizadas de modos totalmente diferenciados em relação ao que cremos ser o corpo "natural" do ser humano. As culturas africanas e asiáticas mostram igualmente que o corpo é uma construção cultural e que não pode ser confundido com o lado "animal" do ser humano.

Quem tem a sorte de ter um recém-nascido em seu entorno pode se maravilhar, a todo instante, com a delicadeza dessa progressiva edificação de um corpo, de suas diversas funções, de sua lenta apropriação da motricidade e das sensações, assim como daquilo que virá a inscrever a sua mais íntima singularidade. O que distingue cada ser humano dos outros, a sua identidade – mais além de sua bagagem genética –

---

[1] "*Infans*" em latim é a criança que não fala.

procede dos rastros da complexa tessitura das suas sensações próprias e exteroceptivas, e de suas representações: os traços mnemônicos que as inscrevem na memória.

As experiências vão se localizar preferencialmente nas zonas do corpo destinadas à satisfação das necessidades por intermédio da relação com o outro, produzindo um mapeamento erógeno: o corpo pulsional regido pelo "princípio de prazer" (a satisfação) e seu pendente, o desprazer.

As pulsões e seus destinos produzem tanto os limites do corpo em torno de seus orifícios quanto a sua plasticidade, uma extensão topológica a partir das circunvoluções de suas procuras de satisfação nos "objetos" do mundo. Observemos como a criança pequena, inicialmente carente de tônus e de coordenação motora, vai progressivamente constituindo seu corpo como conjunto, e sua aparente consistência, desde as experiências de prazer e desprazer de sua constante apreensão do mundo com a boca, ouvidos, mãos, pés, pele, olhar, expulsão de fezes e urina, organizando seus primeiros diálogos com o outro parceiro da sua imaturidade fisiológica.

A sexualidade ocupa o corpo desde os primeiros instantes da vida.

Enquanto isso, a unificação da imagem do corpo constitui um tempo fundamental da construção da corporeidade a partir da imagem do outro conforme desenvolveremos mais para frente.

A construção do corpo, portanto, produz-se simultaneamente a partir do entrelaçamento dos três registros de suas experiências nos encontros e desencontros com o mundo e o outro: as marcas traumáticas ou de prazer dessas vivências, o mapeamento pulsional desde as zonas erógenas, a constituição narcísica de uma imagem unificante.

As marcas no corpo: trauma e prazer

Ainda com o referencial de neurologista, Sigmund Freud, em sua primeira tentativa de explicitação do "aparelho psíquico" (Freud, [1895] 2000], desdobra e demonstra essa lenta constituição do psiquismo a partir da apropriação do corpo e de suas experiências. De fato, a fabricação da corporeidade consiste em um progressivo movimento de incorporação – inclusão e registro – do constante processamento de entrecruzamento das experiências do corpo. As necessidades e as respostas que encontram (ou não) o parceiro cuidador – como satisfação ou, ao contrário, como desamparo da sua ausência: fome, frio, dor, desconforto – vão tramando pouco a pouco o tecido das representações do psiquismo de cada um.

Os rastros das experiências de satisfação, ou o trauma do desamparo, são registrados pelos "traços mnemônicos", organizando pouco a pouco as vias do conhecimento e do laço com o mundo por um lado, e, por outro, o registro de uma memória das vivências esquecidas.

O psicanalista vienense vai extrair dessas premissas dois princípios que regem o psiquismo. Ele identifica, em primeiro lugar, o princípio de prazer, ou seja, o uso das trilhas das representações produzidas a partir das marcas no corpo para conseguir satisfação a todo custo, nas derivas, deslocamentos ou substituições que elas proporcionam. Jacques Lacan, desde meados do século XX, a partir da linguística, da noção de *significante* e dos encadeamentos que a sua estrutura possibilita, propõe reler esse mapeamento do corpo, nas trilhas e nos sulcos dos rastros das experiências, registrados como traços da memória. O corpo se incorpora a partir do jogo permanente de seu rastreamento e da sua articulação no enredamento das marcas e representações psíquicas das experiências: um fantástico aparelho das representações significantes das vivências.

No entanto, Freud terá de constatar que mais além desse "princípio de prazer", que liga entre si as vivências e suas marcas em relação com os outros humanos, permanecia, para cada um, algo que não se ligava e não se articulava. "Mais além do princípio de prazer", Freud distingue um princípio de funcionamento "psíquico" que chega a nomear com este binômio paradoxal: pulsão de morte. A pulsão, um princípio vital, uma mola, poderia propulsar algo da morte, uma inércia, que volta sempre ao mesmo lugar? Esse "princípio" se manifesta como repetição de uma experiência traumática, a incidência no corpo de uma vivência inaugural que ainda não tinha representação, e essa marca indelével não se conecta com nada nem com ninguém. Ela é o signo do desamparo e da solidão absoluta, mas insiste em se fazer presente nos mistérios do corpo: nos sintomas, na inibição e, particularmente, na angústia.

O corpo pulsional

O corpo pulsional não é um corpo instintual. O corpo do pequeno humano não é um corpo predeterminado biologicamente para garantir sua sobrevivência a partir de instintos que programam seus laços e seu desenvolvimento. A sua imaturidade biológica inicial instaura o desamparo e a carência como fundamentos de sua relação com o mundo e seus objetos, e de sua total dependência ao adulto provedor da satisfação almejada.

O corpo pulsional é o corpo colonizado a partir das experiências de satisfação das funções biológicas, localizadas em torno dos orifícios do organismo, que precisam, antes de tudo, da presença e da resposta do outro cuidador para abrir o caminho das satisfações das necessidades corporais. As respostas desse outro (leite, calor, presença, limpeza, falas, olhares) traduzem as manifestações das necessidades vitais em demandas: o corpo se encontra, assim, colonizado pela linguagem, isto é, a sua estrutura de representação e as suas variações culturais. A interpretação das necessidades biológicas como demandas de cuidados é decifrada a partir do aparelho simbólico e dos recursos afetivos do outro cuidador. Essa suposição inscreve, de saída, o pequeno humano no laço socializante, mas grava simultaneamente uma marca negativa, algo como uma traição, uma falha, uma fraude: algo do corpo vivo não estará representado por essa "tradução" da necessidade em demanda.

As zonas do corpo relativas à satisfação dessas necessidades adquirem um valor erótico e são chamadas zonas erógenas, que localizam e condensam as experiências de prazer e desprazer, marcadas pela relação com o outro cuidador – "maternal" na maior parte das culturas até agora. As zonas oral e anal, assim como o olhar e a voz, configuram, desse modo, os sítios de uma sexualidade infantil crucial para a constituição da corporeidade, confundindo a satisfação das necessidades vitais com as marcas da intervenção e da presença do outro provedor. Essa sexualidade apoiada nas funções biológicas é forçosamente parcial, fragmentada e sem ligação alguma com qualquer prevalência do genital. Ela se caracteriza como uma sexualidade "perversa polimorfa", que o corpo pulsional manifesta e apresentará a vida inteira na disposição e nas experiências sexuais de qualquer um. A sexualidade infantil marca para sempre a sexualidade do ser humano: ela é fundamentalmente unissex, já que, inicialmente, a diferença entre os sexos não faz diferença para esse corpo pulsional.

Outro paradoxo caracteriza esse gozo pulsional: por um lado, ele nunca atinge uma plena satisfação, já que a satisfação do corpo enquanto organismo é sempre traduzida a partir da interpretação dos parceiros cuidadores do qual o pequeno é dependente. Por outro lado, ele sempre se satisfaz, pois a pulsão, ao contrário do instinto, não tem apenas um único objeto capaz de saturar a carência vital; a pulsão, à procura de um objeto melhor, possui uma plasticidade peculiar que lhe confere a capacidade de derivar e de inovar inúmeros recursos de satisfação.

Os cuidados e a observação das crianças pequenas proporcionam a evidência das derivas pulsionais e de seus destinos múltiplos: a boca teima em procurar inicialmente o peito, o calor, o leite, e, em seguida, parece que todos os objetos do mundo precisam passar pela delícia e pela investigação da boca.

O corpo pulsional não tem limite, nem contorno, nem consistência, ele configura um corpo parcializado, despedaçado, recortado pelas zonas erógenas e que se estende "naturalmente" fora dos limites do corpo. As alternâncias de prazer, desprazer, satisfação, carência não contribuem para lhe dar a unidade de um contorno estável; contudo, desde o princípio da vida, a experiência da falta e das satisfações encontradas organiza o pequeno ser em torno de um ponto fixo irredutível chamado desejo, sua essência, diria o filósofo Espinosa.

O corpo narcísico

A observação de um bebê permite também, todavia, conviver com a experiência única que produz um corpo consistente, coerente, desde e apesar do caleidoscópio das experiências vividas. A projeção das experiências em uma unidade singular inaugura o narcisismo, tempo indispensável da edificação do corpo de uma pessoa. Essa construção passa necessariamente pela imagem e pelo olhar do outro, que valida e garante a sua identificação.

A prova da necessária construção dessa imagem unificadora se encontra em patologias como a esquizofrenia, na qual a carência dessa unidade imaginária do corpo se manifesta nas alucinações e no despedaçamento do corpo, e nas obsessões hipocondríacas.

Freud, em seu texto "Sobre o narcisismo: uma introdução", de 1914, nota a importância de uma "ação psíquica" que permita a saída de um suposto estado inicial de "autoerotismo", meras experiências aleatórias de prazer-desprazer. A constituição de uma unidade que seja capaz se reconhecer como um "Eu" depende da constituição de uma forma, uma aparência, que podemos chamar de enganadora, em relação ao estado de maturidade do pequeno homem e a fragmentação das suas vivências pulsionais. Esse pequeno ser, no entanto, vem a reconhecer precocemente uma unidade na imagem do corpo, apreendida no campo do visível desde a descoberta do corpo próprio no espelho e a permanência da figura do outro que o reconhece e contribui para essa sua identificação, a apropriação da sua forma inteira. Essa imagem especular acolhe a projeção das suas vivências múltiplas e desconjuntadas em uma superfície única e unificadora. Esse (re)conhecimento foi descrito pelo psicólogo Henri Wallon ([1934] 1989] como "estágio de espelho", e o psicanalista Jacques Lacan ([1949] 1998) retoma essa experiência comum para explicitar a precipitação de uma unidade corporal desde a visão da imagem própria, e a partir da imagem única que lhe reenvia a presença do outro cuidador, validando, assim, a existência e a consistência corporal do pequeno humano. A sua primeira identificação, quando assume uma identidade, passa pelo outro, depende do outro. Essa alienação primordial inaugura, simultaneamente, o empenho incansável para se separar, distinguir e apresentar a sua diferença única, sempre tão fugidia. As paixões futuras do pequeno ser se determinam desde o início como amor e ódio, tensionadas pela procura irrequieta do enigma da sua diferença absoluta, no embate com a sua captura primordial pelo outro

O prazer, o júbilo, a alegria que acompanham essa experiência da apropriação da imagem do corpo são proporcionais ao desamparo e ao despedaçamento prévios e dão testemunho da compensação e da suplência salvadora da unidade que ocorre nessa experiência de identificação, crucial para a construção do corpo.

O corpo e o sexo

Freud dizia que "a anatomia é o destino"; no entanto, ele próprio, em seus "Três ensaios sobre a teoria da sexualidade", não somente evoca uma bissexualidade, mas também, ao descrever a sexualidade perversa polimorfa de todos e de qualquer um, desde a origem da sexualidade, mostra que a diferenciação sexual homem/mulher não constitui um *a priori* coerente com a anatomia.

A questão da sexualidade comporta, antes de tudo, a sexualidade pulsional, nunca ultrapassada e que prossegue proporcionando, a ambos os sexos, grande parte dos recursos de seus encontros com o corpo a corpo erótico.

A sexualidade propriamente genital não ultrapassa o pulsional, mas interpreta, nomeia as suas satisfações sempre parciais como "castração". O "falo" distingue a sexualidade genital tanto para o menino quanto para a menina, pois indica e marca aquilo que fundamentalmente falha e falta no sexo. A sexualidade "fálica", por essência, deixa a desejar.

A questão da sexuação, por sua vez, remete à identificação de uma modalidade masculina ou feminina (assim como as variações que a atualidade do século XXI segue elencando). Essa identificação do *modus vivendi* "homem" ou "mulher" vem se produzindo em paralelo à construção do corpo, desde as marcas imaginárias e simbólicas que o pequeno ser encontra com seus parceiros cuidadores. Ele incorpora, apropria-se, dos jeitos e trejeitos do feminino e do masculino a partir das imagens e aparências que lhe são apresentadas pelos outros amados. Mas, à procura do que lhe falta para ser "ele mesmo", ele incorpora também sua interpretação do que faz falta ao outro, fantasiando os objetos que poderiam completá-lo, desde o modelo de seus próprios objetos pulsionais. Essas elucubrações particulares às histórias de cada um, sobre aquilo que falta ao outro amado para satisfazê-lo, engajam cada um em caminhos esdrúxulos, nos quais a sexualidade topa com achados e perdidos que não reduzem a "maldição sobre o sexo", como diria Jacques Lacan.

Por fim, precisamos indicar que nem o pulsional nem as "pantomimas" do feminino, ou do masculino, ou mesmo do unissex, podem dar conta do que ocorre na hora do "vamos ver", hora da verdade, do encontro do corpo a corpo erótico. Embora convoque o registro do prazer pulsional, ele depende do acontecimento do corpo, que não tem representação nem imagem, e perdura como contingente, confrontando cada um com a alteridade radical, enigmática do corpo, tanto do seu próprio quanto do de seu parceiro. Para qualquer um, quaisquer que sejam as suas opções de parceiros e preferências libidinais, os mistérios de seu corpo marcado pela incidência enigmática da linguagem produzem a sexualidade como definitivamente hétero, *heteridade*, como diz Lacan.

Adolescência: quando o corpo não tem mais cabimento

Quando olhamos de longe os ditos adolescentes, não raro vemos beleza, insolência, uma desenvoltura peculiar, alguns quilos a mais ou a menos, tatuagens, espinhas e *piercings* não tiram a graça própria desse tempo em equilíbrio entre a potência e o ato.

No entanto, basta prestar atenção e ouvido para ficar sabendo que, por trás dos bonés, brincos, cabelos *pinks* ou *punks* extravagantes, roupas apertadas ou gigantes, *dark* ou *sweet*, abrigam-se as respostas mais diversificadas ao drama/trauma da estrutura do ser humano, apresentado mais uma vez, e que não se pode evitar o desencontro, que a psicanálise chama "castração".

Difícil de se localizar quando começa e quando termina, a adolescência é uma passagem, um tempo em porvir. Trata-se de um período cujos limites temporais permanecem *flous*, e a definição psicossociológica fica imprecisa. É, no entanto, uma evidência para todos, pois se trata do período de transformações corporais que não passam despercebidas: "Metamorfoses da puberdade", escreve Freud ([1905] 2000b), como título de um de seus raros ensaios sobre essa questão da passagem complexa entre infância e idade adulta.

Se a infância é uma construção, a adolescência consiste em um remanejamento radical de tudo o que sustentava, até aí, o sentido da existência, das identificações fundamentais, do laço com o outro, dos limites do corpo, da identidade sexual etc.

Cada criança constrói sua neurose, isto é, sua solução sintomática à solidão, à ausência, à falta com as quais sua humanidade a confronta, ou seja, seu necessário recurso à linguagem para dizer ao outro, de quem depende, quem ela é, o que ela quer e a que veio. Esse desvio obrigatório pelas palavras do Outro implica uma perda fundamental chamada castração, que se inscreve para sempre desde a marca de um trauma singular, a marca própria a cada um da incidência da linguagem no corpo.

Assumir essa marca é assumir a mentira, o equívoco, o nonsense do significante, a sua discordância, discórdia com o corpo: primeiro passo da identificação, ou seja, da incorporação. É a partir desse furo que o pequeno homem passa a ter um corpo. Basta olhar um desses pequenos para constatar como é pelo jogo pulsional com o outro dito "materno" que ele toma corpo.

A adolescência, tão esperada ("Quando crescer, serei..."), coloca em questão os achados pulsionais da infância; o corpo transborda por todo lado, não tem mais cabimento na consistência imaginária que o olhar do outro maternal tinha configurado. A primeira cena da peça *O despertar da primavera*, de Frank Wedekind, com Wendla e sua mãe, mostra como a exuberância do corpo da puberdade não cabe no corpo modelado pela infância.

Os acontecimentos de corpo são reais e transbordam dos semblantes imaginários e simbólicos. O despertar é um transtorno que se chama crise e que se assemelha, muitas vezes, a um grito, mesmo se às vezes parece interpretar um quadro de Munch e o estupor de um grito silencioso.

Antigamente, os ritos de iniciação das culturas davam um enquadre simbólico e imaginário ao real traumático do encontro renovado com a falta da palavra para dizer do corpo e das suas exuberâncias libidinais. No decorrer desses rituais tradicionais e codificados, a criança púbere era apresentada ao mundo, aos seus limites e aos seus riscos. Os adolescentes de hoje devem apresentar a si mesmos, eles acham ou inventam os seus próprios rituais de maneiras mais ou menos escandalosas, mais ou menos silenciosas.

As experiências íntimas desses corpos desnorteados fazem com que eles se sintam bizarros, e é essa estrangeiridade que mostram com estardalhaço ou, ao contrário, que trancam como um mistério, ou como uma vergonha: vergonha de um gozo descabido. Eles fazem de tudo para mostrar esse corpo que não tem mais cabimento na construção que a neurose infantil tinha laboriosamente colocado em função.

Agradecemos mais uma vez a Frank Wedekind por sua peça, escrita em 1891, quando ele tinha apenas 26 anos. O genial desse autor foi conseguir, em três atos e algumas cenas muito curtas, concentradas e elípticas, sugerir o leque polimorfo das respostas possíveis ao encontro impossível com o sexo, sua alteridade fundamental e a sua realidade sexual fora do corpo. Os personagens desfilam, cruzam-se, perdem-se, tropeços, mancadas, transtornos: não há relação sexual que completaria a falha existencial de cada um: o sexo separa. O que se encontra são apenas máscaras e fantasias que permitem fazer a cena do amor, embora cada um ache aí, nesse ponto G, o que tinha colocado como a-posta – as formas de suas fantasias e os moldes de suas opções pulsionais iniciais.

O valor contemporâneo dessa obra é seu caráter atemporal, pois ela coloca em cena a própria estrutura do humano e a variedade das combinações possíveis da edificação do corpo e da sexualidade com a qual cada um se engaja. A tragédia infantil de Wedekind mostra a adolescência como tempo estrutural e como opção ética, e não como momento do desenvolvimento que a educação e a iniciação ajudariam a passar, ultrapassar.

O mito da adolescência como iniciação, tão presente nas tradições daqui e de alhures, remete à crença da existência de um segredo no lugar do Outro, e à esperança de maestria do desenvolvimento do corpo: "Quando crescer..." que controlaria, adestraria os paradoxos do desejo e as bizarrices do gozo.

O despertar da primavera é "o despertar forçado ao real pulsional do corpo", que não cabe nos caminhos abertos pela infância, trauma do encontro do sexual e sua *heteridade* que denuncia, mais uma vez, a mancada da linguagem e des-cobre, ainda e sempre, "o saber da castração" que "se evita mal quando se tem quatorze anos" (Lacan, 1972, p. 513).

A psicanálise tratamento do corpo?

A psicanálise tem um único meio – a fala do paciente, à qual chamamos de "analisante", para indicar o trabalho que essa fala, supostamente livre, produz, conduzindo-o nas veredas do seu ser tão...

Explorar os meandros, as trilhas, as tranças, os desvãos do inconsciente consiste em rastrear as marcas indeléveis da linguagem no corpo. Então, "O que é um corpo para a psicanálise?". O corpo, suas marcas, sua imagem, suas configurações, o mapeamento das suas representações, seus limites, suas extensões pulsionais, sua inclinação para a sexualidade e o encontro dos corpos: o corpo e o mistério da sua edificação inconsciente são o desafio, sempre atual, da psicanalise há mais de 120 anos.

Referências

CASTRO, Eduardo Viveiros de. *A inconstância da alma selvagem e outros ensaios de antropologia*. São Paulo: Cosac Naify: 2002.

FREUD, S. Estudos sobre a histeria [1893]. In: *Obras Psicológicas de Sigmund Freud* – Edição eletrônica, versão 2.0, v. III. Rio de Janeiro: Imago, 2000. [s.p.].

FREUD, S. Projeto para uma psicologia científica [1895]. In: *Obras Psicológicas de Sigmund Freud* – Edição eletrônica, versão 2.0, v. I. Rio de Janeiro: Imago, 2000. [s.p.].

FREUD, S. Sobre o narcisismo: uma introdução [1914]. In: *Obras Psicológicas de Sigmund Freud* – Edição eletrônica, versão 2.0, v. I. Rio de Janeiro: Imago, 2000. [s.p.]. (Edição Eletrônica Brasileira das Obras Psicológicas de Sigmund Freud, versão 2.0.).

FREUD, S. Tratamento psíquico (ou anímico) [1905]. In: *Obras Psicológicas de Sigmund Freud* – Edição eletrônica, versão 2.0, v. IX. Rio de Janeiro: Imago, 2000a. [s.p.]. (Edição Eletrônica Brasileira das Obras Psicológicas de Sigmund Freud, versão 2.0.).

FREUD, S. Três ensaios sobre a teoria da sexualidade [1905]. In: *Obras Psicológicas de Sigmund Freud* – Edição eletrônica, versão 2.0, v. VI . Rio de Janeiro: Imago, 2000c. [s.p.].

LACAN, J. Discours de conclusion. *Lettres de l'Ecole Freudienne de Paris*, n. 9, 1972.

LACAN, J. O estádio do espelho como formador da função do eu [1949]. In: *Escritos*. Rio de Janeiro: Jorge Zahar, 1998. p. 96-103.

WALLON, H. *As origens do pensamento na criança* [1934]. São Paulo: Manole, 1989.

WEDEKIND, F. *L'Éveil du Printemps – Une tragédie enfantine* [1890-1891]. Paris, Gallimard, 1974.

Corpo e língua materna

Nina Virginia de Araújo Leite e Paulo Sérgio de Souza Jr.

Digamos que lalíngua, qualquer elemento de lalíngua, seja, em relação ao gozo fálico, um talo de gozo. E é por isso que isso estende tão longe as suas raízes no corpo.

Jacques Lacan. *Les non-dupes errent, 1974.*

Língua é uma coisa engraçada. Se, por um lado, em geral nascemos com uma dentro da boca, é só depois de um tempo razoável que começamos a tirar maiores consequências desse órgão tão faceiro e peculiar. É bem verdade que isso também se dá com o resto do corpo, como um todo, já que é mesmo com o passar dos meses que o bebê vai experimentando e aprendendo a se valer do suporte físico que ele possui – aprendizado que, em certo sentido, prolonga-se por toda a vida. Entretanto, no caso da língua, em especial, quando vimos ao mundo ela nem sequer está em grandes condições materiais de ser utilizada para a complexa e misteriosa tarefa da qual, no mais das vezes, virará suporte: vai ser preciso uma série de transformações corpóreas que possibilitarão à criança tornar-se falante de uma língua oral; relativamente mais, inclusive, do que para crianças surdas – já que estas, maternadas em línguas de sinais, são capazes de adquirir vocabulário em seu primeiro idioma mais precocemente que as ouvintes (Sacks, 1998, p. 43). Como se já não bastasse a dificuldade da tarefa em si… parece que a língua-órgão, por assim dizer, dá ainda mais trabalho para a própria língua.

Seja como for – quer se trate de línguas orais ou sinalizadas –, o fato é que, se o falante nunca vem com um idioma de fábrica, nem por isso podemos considerar a aquisição linguística exatamente um opcional. Salvo situações-limite em que crianças, privadas do contato humano, não adquiriram língua, só a muito custo se deixa um filhote de gente fora do banho de um primeiro idioma. Ora, fala-se perto da (e até com a) criança antes mesmo do parto, e o feto com vinte e poucas semanas já dispõe de estrutura neurofisiológica auditiva suficiente para certa escuta dos ruídos internos e externos ao corpo gestante (Cardoso, 2013). Há inclusive quem entenda que, mesmo antes disso, a própria pele acabe funcionando como uma extensão do ouvido em formação, já que as vibrações sonoras seriam apreensíveis primeiramente pelo tato, antes de estabelecida a audição tal como habitualmente a compreendemos.

Os relatos de experimentos feitos ao longo da história em que se mantiveram bebês apartados de qualquer interação linguística apontam como resultado clássico a fatídica morte neonatal... o que nos oferece bons indícios de que, sem exposição à linguagem, a criança dificilmente resiste, ainda que seja atendida em suas outras necessidades vitais. Assim, a série de transformações de que falávamos, pelas quais o corpo recém-nascido passa em seus primeiros meses, acontece em paralelo à presença de sujeitos já falantes ao redor dele, os quais impõem a esse filhote uma língua – ou mais de uma, conforme o contexto, o que tem lá suas especificidades (Taeschner, [1983] 2012). Língua que, por sua vez, permitirá que esse recém-nascido *vingue* (que o seu corpo tenha futuro) e, de certa forma, *se vingue*; afinal, não se trata fundamentalmente de um processo pacífico – por mais cuidado que se despenda ou tome, é goela abaixo que a língua se instala na criança, para um dia se desdobrar em suas possibilidades várias.

Num primeiro momento, portanto, todo idioma é alheio e estrangeiro ao seu falante, ao passo que um dia poderá ser confundido com o que nele há de mais próprio e familiar. Inegáveis saltos cognitivos pelos quais o bebê passa são, aliás, contemporâneos a essa aquisição de primeira língua, denunciando não só o fato de que a linguagem desempenha um papel significativo na constituição e no desenvolvimento do que entendemos como humano – com as capacidades intelectuais e disposições relacionais que lhe são características (Condillac, [1746] 2018) –, mas também, para além do que é expressamente linguístico, revelando a complexidade do vínculo entre o sujeito e o outro, a interdependência entre o que é próprio e o que é alheio, as ambiguidades fundamentais entre o que se quer materno e o que se quer estrangeiro: uma zona intricada na qual reside, aliás, a própria possibilidade da psicanálise, concebida por Sigmund Freud como um expediente terapêutico que, através da fala endereçada a um determinado outro (uma figura, digamos, não exatamente íntima... mas *êxtima*, como diria Jacques Lacan), é capaz de intervir na dinâmica psíquica do sujeito analisante.

Assim, se o que vem do outro é responsável pela instauração daquilo que, em nós, há de mais fundamental, estruturante e organizador, cumpre notar que não é de uma maneira qualquer que isso nos chegou um dia, e que essa estimulação tampouco ocorreu de uma forma que se poderia acreditar como tendo sido trivial. Ora, expor um bebê a porções de língua (colocá-lo ao lado de um aparelho que emitisse dados de fala, por exemplo) não seria condição suficiente para que ele viesse a falar, para que conseguisse encarnar e ter um interlocutor nas trocas linguísticas cotidianas: a experiência mostra que o filhote humano, embora copie um bocado, está sensivelmente longe de ser um mero repetidor. É primordial que haja alguém que o suponha nesse lugar de falante; alguém que, ao lhe dirigir a própria fala, ao mesmo tempo vislumbre e construa esse seu lugar de interlocutor a partir do qual, num segundo momento, ele será capaz de tomar a palavra, de fazê-la sua e endereçá-la a um outro.

É essa língua carregada de segundas intenções que tradicionalmente chamamos de *língua materna*. Em tempo, é necessária a ressalva de que ela não se confunde exatamente com a língua falada por quem ocupa, para o bebê, a posição ordinariamente entendida como sendo a da mãe, tampouco necessariamente com o feminino – muito embora se possa supor que certa sobreposição histórica entre as figuras da mulher, da gestante e da mãe como interlocutora privilegiada da criança pequena tenham tido um papel relevante na consolidação dessa expressão tal como hoje a conhecemos em boa parte do mundo. Trata-se, isso sim, de qualquer língua natural (isto é, de uma língua que, enquanto fato social, desenvolve-se no interior de uma comunidade); qualquer língua natural que, no entanto, dentro dessa relação específica, não funcionará como uma língua qualquer.

Isso porque, para além do idioma em si (código e instrumento comunicativo), na língua que se diz materna adquirem incomparável valor o regionalismo, o vocabulário afetivo-familiar, o jeito particular de dizer e a musical-gestualidade: elementos que, não estando exatamente na chave estrita da comunicação, podem justamente abrir para algo mais. Esse "algo mais" relaciona-se com aquilo que Lacan, amparado na ideia de lalação (quando a criança, balbuciante, emite sons desprovidos de significado), chamou de *lalíngua* (Lacan, 1976); mas também com o que Otto Gross recupera como *Ammenzauber*, "encantamento de ama" (as cantilenas entoadas para a criança, no berço, por quem a acalenta) (Gross, [1920] 2017). O que está aqui em jogo, então, implica tanto as toadas que fazem dormir a criança quanto o jogo em que ela desperta para certo prazer/ contentamento que captura o seu corpo: é o que foi captado da língua falada por um outro enquanto matéria bruta, antes mesmo da incidência dos cortes que introduzirão os elementos distintivos da língua em questão.

Operando, assim, como um regime simultaneamente fluido e singular de significações e contrassensos no qual o bebê, num primeiro momento, será notado, conotado e representado para os sujeitos do seu entorno – e no qual ganhará um lugar no discurso e no mundo –, essa língua também retroage sobre o falante que materna a criança no embalo da sua palavra: tal língua – tendo sido ela a primeira, ou não, para esse falante (é preciso haver pelo menos um) – carrega os traços daquilo que o constituiu num momento significativo da vida, e é nela que ele se reconhece capaz de supor algo nessa criança; algo que o convoca a supô-la como parte desse jogo de relações em que a criança desperta-lhe o desejo de replicar a operação da qual um dia fora a vítima afortunada, a saber: nela pressupor um sujeito de linguagem, um sujeito no qual o tesouro da língua irá se depositar a conta-gotas, letra a letra, no decorrer desse misterioso processo de transmissão que vige naquilo que usualmente se denomina "aquisição de linguagem".

Presente de grego, o cavalo de Troia verbal é entregue ao bebê para, logo depois, alastrar-se e sitiá-lo para sempre. E se há casos em que, num insondável exercício de escolha, a cria parece optar por não seguir as regras da partida linguística tal como esperado (recusando-se à fala, por exemplo), isso não significa que ela tenha conseguido se safar completamente do jogo. Afinal, se há um humano já falante capaz de apanhar o grito desse corpo recém-nascido com a sua rede de significações, ele impõe a esse mesmo corpo o jugo da palavra, de modo que possamos afirmar o seguinte: ainda que não venha a se apropriar da função da fala (sinalizada ou oral) ou, por alguma razão, exiba dificuldades – ou sustente recusas – em transitar por uma língua, o filhote humano não escapa à linguagem enquanto fenômeno radical.

Nesse começo, aliás, pouco ou nada ele poderia fazer. Afinal, por mais bem equipado e potencialmente capaz quando nasce, o bebê humano encontra-se em um estado de total dependência do ambiente social e afetivo que o cerca – o que vale tanto para o que se denominam necessidades básicas (nutrição, calor...) como para o que diz respeito às possibilidades de se relacionar com o ambiente. Isso porque tudo depende dos cuidados oferecidos pelos outros; em especial por um outro que possa vir a se mostrar privilegiado, pelas mais diversas razões, no exercício de cativação desse corpo no universo humano. Essa cativação é uma forma de entender a *função materna*: função de acolher privilegiadamente a chegada desse novo ser em um lugar psíquico a ele já reservado – quando tudo vai bem, é claro. E, como sabemos, esse lugar psíquico carrega sonhos, desejos e fantasias que terão um importante papel nas trocas entre o bebê e aquilo que, aqui, chamamos de "mãe".

Importante entender o que é a mãe do ponto de vista da psicanálise: é evidente que não se trata necessariamente da pessoa que trouxe o bebê ao mundo, fisicamente, embora seja importante reconhecer que carregá-lo durante a gestação constitua um percurso importante para ambos – história que terá a sua relevância, bem como aquela, aliás, em que o bebê fora criado por outro sujeito que não a mãe biológica. O que é fundamental nesse ponto é deixarmos claro que *mãe* é o exercício de uma função que se realiza pela via da linguagem, ou seja, muito além dos cuidados materiais; de modo que uma mãe que cumprir tão somente a função de atender às necessidades do bebê, por exemplo, vai estar em falta com a função materna.

Uma função que se realiza pela via da linguagem. Ora, já indicamos anteriormente a particularidade do que costumamos denominar "língua materna" no contexto da psicanálise; quer dizer, no contexto em que o ponto de interesse é o fato de uma língua natural qualquer funcionar como materna para um sujeito falante. Mas devemos então nos perguntar: se cada língua natural pode ser uma língua materna para um falante, o que de fato a caracteriza como materna para ele? Afinal, que o modo como os adultos – especialmente aqueles que exercem a função materna – dirigem-se aos bebês seja marcado por alguns traços que particularizam esse registro específico em qualquer língua não responde facilmente à pergunta que foi formulada. Observemos primeiramente que, no contexto em que nos referimos à língua materna, importa especialmente a dimensão da fala (seja ela oral ou sinalizada), indicando que as línguas só se tornam maternas para os falantes se forem atualizadas na e pela fala dos agentes maternos.

Vários estudos identificaram alguns traços que são particulares da fala endereçada ao bebê; inclusive tem sido comum, a partir daí, designá-la como "manhês". Mas o que seria característico desse registro de fala típico do endereçamento do adulto ao bebê? De modo resumido, em línguas orais é possível identificar os seguintes pontos: em termos fonéticos/fonológicos, exagero na entonação e no timbre da voz, ritmo mais lento, silabação, prioridade dada às vogais; em termos sintáticos, predominância do uso de frases curtas e independentes; lexicalmente, por fim, é comum observar simplificação morfológica, repetição e predileção por diminutivos (Vorcaro; Santos; Martins, 2018). O importante a ser aqui destacado é que nesse registro de fala dá-se um uso bastante específico da modulação da voz, que frequentemente se articula com expressões corporais de quem materna: o olhar dirigido ao bebê, a gesticulação intensa, as expressões faciais, os movimentos rítmicos corporais e o toque corpo a corpo. Ademais, surpreende também o fato de a fala materna manter uma relação estreita com os turnos que caracterizam um diálogo – ora falando do lugar da criança, ora aguardando e abrindo espaço para o que viria dela.

Quanto a esse último ponto, os trabalhos sobre a aquisição de linguagem desenvolvidos por Cláudia de Lemos ao longo de vários anos têm demonstrado, com originalidade, a íntima dependência da fala da criança em relação à fala da mãe, indicando processos de especularidade que descrevem o longo percurso entre uma posição da criança alienada à fala do outro até a possibilidade de assumir a função da fala enquanto submetida à língua.[1] Que suas pesquisas tenham se encaminhado para atualmente interrogar tais processos a partir da psicanálise atesta, por si só, a necessidade de incluir, no estudo da linguagem infantil, aspectos que ultrapassam a dimensão da mera interação/integração. Assim, não é sem importância que a fala materna mantenha íntima relação com os turnos do diálogo, uma vez que evidencia de modo consistente a suposição materna de um sujeito falante do lado do bebê: um sujeito por vir. E essa suposição determina o percurso de um destino que diz, sem rodeios, que não ser falante é proibido.

O fato é que, embora a descrição das características mencionadas anteriormente ilumine alguns aspectos interessantes do jogo que se estabelece entre bebês e agentes maternos – especialmente por indicar que aqueles traços carregam a marca de um gozo do adulto (implicando necessariamente o corpo) que não deixa de ter efeitos sobre a superfície do corpo do bebê –, ainda assim não conseguimos cingir e discernir a função estruturante da fala dirigida à criança. O que dessa fala comanda e dirige a entrada do bebê na linguagem? Trata-se evidentemente de entender de que maneira o cueiro da palavra, acolhendo o bebê desde a nascença, irá fisgar esse ser; e isso tendo em vista o fato de que partimos da ideia segundo a qual, embora se nasça com muitas habilidades

---

1 Ver, entre outros trabalhos da autora: LEMOS, Cláudia T. G. Sobre a aquisição da linguagem e seu dilema (pecado) original. *Iberoamericana* (1977-2000), Frankfurt, v. 8, n. 1 (21), p. 3-16, 1984; A sintaxe no espelho. *Cadernos de Estudos Linguísticos*, Campinas, v. 10, p. 5-15, 1986; Los processos metafóricos y metonímicos como mecanismos de cambio. *Substratum*, Barcelona, v. 1, n. 1, p. 121-136, 1992; Das vicissitudes da fala da criança e de sua investigação. *Cadernos de Estudos Linguísticos*, Campinas, v. 42, p. 41-69, 2002; Sobre o paralelismo, sua extensão e a disparidade de seus efeitos. *In*: LIER-DeVITTO, M. F.; ARANTES, L. (Org.). *Aquisição, patologias e clínica de linguagem*. São Paulo: Educ, 2006. p. 97-108; LEMOS, C. T. G. Corpo & corpus. *In*: LEITE, N. V. A. (Org.). *Corpolinguagem: gestos e afetos*. Campinas: Mercado de Letras, 2003. p. 21-30.

e potencialmente capaz de se tornar falante, isso não caracteriza esse processo como sendo natural – sem o comparecimento de um adulto falante exercendo a função materna, vale redizer, nada acontecerá.

De igual maneira, por um lado, se o manhês corresponde à descrição daquilo que se dá a ver nas relações adulto-bebê – e tal descrição sustenta que é esse tipo de fala que fisgaria o *infans* (do latim, "aquele que [ainda] não é falante") –, por outro, sabemos que a descrição desse tipo de fala também é insuficiente para articularmos como o bebê é capturado pela linguagem, que, entretanto, já está presente desde antes do seu nascimento. Ou seja, a descrição de como se dá a relação entre o falante e o *infans* não identifica os elementos estruturais que operam o enraizamento do ser na linguagem. Ora, se como epígrafe deste texto indicamos que lalíngua estende as suas raízes no corpo (Lacan, 1973-1974),[2] com isso deixamos apontado que o enredamento do corpo dos bebês com a linguagem irá se realizar através dos pervasivos ecos do dizer dos agentes maternos sobre o organismo, e que é aí que devemos procurar o essencial. Lalíngua, portanto, não se confunde com uma língua, tampouco com a linguagem: conforme indicado anteriormente, trata-se de um funcionamento em que os fragmentos prescindem de significação linguística e são destacados pelo modo como soam, ressoam e repercutem no corpo.

Vemos então que, para pensar a relação entre corpo e língua materna, é imprescindível incluir um terceiro aspecto (Chaboudez, 2019); aspecto que se refere àquilo que, a partir da leitura lacaniana de Freud, entende-se como *gozo*: a fruição, o usufruto, o deleite tributário do fato de que toda criança, em relação ao outro, ocupou primeiramente a posição de objeto – e, mais que isso, de objeto de posse. A consideração desse terceiro aspecto é da maior importância, uma vez que revela que a articulação entre duas materialidades heterogêneas (corpo e língua materna) só pode se realizar pela via de um fator que, na realidade, responde pelos efeitos colonizadores dos ecos do *dizer* materno dirigido ao bebê; dizer esse advindo de um sujeito já constituído/colonizado

[2] Sessão de 11 de junho de 1974.

pela linguagem e, logo, dono de um corpo que vibra de acordo com os recortes que uma língua materna nele outrora desenhou. Afinal, é pelo fato de que um dia se foi pleno objeto do outro – à mercê de seus cuidados, mandos e desmandos – que, num segundo momento, será possível solicitar a reintegração de posse desse corpo constituído e gozar, por assim dizer, de um eu para chamar de seu; assim como, num terceiro tempo, eventualmente repetir os gestos de invasão e conquista de outros corpos passíveis de captura pela palavra.

Pensar os efeitos/ecos do dizer sobre o corpo do bebê é trazer à discussão um dos conceitos fundamentais da psicanálise, a *pulsão*, que Freud forjou justamente na tentativa de articular o que faz a especificidade do funcionamento do psiquismo humano quando em comparação com o funcionamento instintivo dos animais (Freud, [1915] 2013). E esse conceito, tratado como um conceito-limite justamente por se referir aos enlaçamentos entre as materialidades heterogêneas do corpo e da linguagem, introduz a dimensão à qual nos referimos como gozo. Mas como isso acontece?

Consideremos a relação do neonato com o agente materno em seus primeiros encontros. Vimos que nada do que se manifesta do lado do bebê deixará de ser significado pelo outro que o materna. Sendo assim, sabe-se que as manifestações de choro serão necessariamente percebidas como indicando fome, sono, desamparo etc. Nesse cenário, o seio, por exemplo, será transformado em objeto de demanda e nem sempre estará presente no momento desejado, introduzindo um intervalo no jogo de tensão e apaziguamento que comanda as primeiras trocas (Freud, [1895] 2003). Lembremos que é justamente no intervalo assim constituído que algo do corpo do bebê virá à cena, pela via do grito e/ou choro. Mas, no caso do seio, a oferta de alimento de que se trata – embora esteja visivelmente no corpo do outro –, enquanto objeto, pertence ao bebê; afinal, assim como a placenta, ele funciona como um duplo da criança (o leite que dele jorra depende do ato de mamar do bebê).

Desse modo, o seio e o leite são mais do bebê do que de quem o hospeda. O desmame, então, implicará uma perda de parte de si mesmo; e o desaparecimento desse objeto deixará o sujeito, ainda por constituir, dividido. Mas como poderá responder a isso, a não ser apoderando-se virtualmente desse objeto? Ou seja, o sujeito se apodera desse objeto pela via alucinatória do princípio do prazer: trata-se de uma primeira formulação fantasística. É claro que a realidade se encarregará de desmentir tal posse; porém, apoderar-se do objeto desse modo representa apoderar-se de si mesmo em face da possiblidade de ser devorado pelo outro.

A realidade à qual o sujeito terá de se conformar mostra-se desde já atravessada pela fantasia. Ao longo desse processo, assistimos a um entrelaçamento entre corpo e linguagem de forma a constituir zonas corporais que Freud denominou erógenas – aí incluídas a boca, o ânus, entre outras, na constituição do objeto oral e do objeto anal (Freud, [1905] 2016). Mas podemos perguntar o que responde pela erogeneidade de tais zonas e lembrar que elas funcionam como formas privilegiadas de relação com o Outro, marcadas simultaneamente por uma perda (um corte) e a possibilidade de recuperar algo da satisfação perdida por intermédio do objeto aí constituído. Escancara-se aí, portanto, o que há tempos não é segredo: a conjuminação entre o verbal e o sexo (Souza, 2019). Afinal, não é custoso supor que a separação entre os corpos alimente as suas mais diversas tentativas de acesso (Cordemoy, 1668).

E essa mesma lógica de perda – consequente a um corte que vem incidir no corpo do bebê – pode ser utilizada para pensar a possibilidade de aquisição da função de fala. Afinal, a cria humana deverá abandonar o fluxo contínuo das vogais aceitando a entrada das consoantes que funcionam verdadeiramente como cortes de tais fluxos; cortes que se realizam, entre outros, pela operação da laringe – que, como esfíncter, pode abrir e fechar. A entrada na língua e o funcionamento a partir de elementos significantes que em sistema se organizam para produzir significações implica a perda de certo gozo no corpo e, ao mesmo tempo, abre para outra forma de gozar a partir e na dependência da linguagem (Heller-Roazen, [2005] 2010b).

Mas por que o que nos levou à pulsão foi o dizer, e não a fala, sobre a qual vínhamos ponderando até então? Quais as relações entre fala e dizer? Embora essa distinção tenha especial relevância para os estudiosos – quer da linguística, quer da psicanálise –, podemos trabalhar com o seguinte esclarecimento: a fala é uma função que implica, no campo da linguagem, tomar a palavra e enunciar algo passível de ser gravado e/ou escrito; já o dizer, embora não seja independente dos ditos enunciados, nem por isso se reduz a eles, mas implica uma dimensão que extrapola e subjaz, simultaneamente, todo ato de fala, inscrevendo-se no falante sem que ele tenha ciência disso – não por acaso Lacan, no decorrer de sua obra, irá pensar o inconsciente como sendo o discurso dessa alteridade radical que se contrapõe ao falante (o Outro, com maiúscula).

Assim, estamos reservando o uso do termo "dizer" para indicar os ecos que retumbam no corpo do bebê, enlaçando-o e retirando-o de um puro funcionamento orgânico – uma vez que todas as suas manifestações serão interpretadas e significadas pelo agente materno a partir das marcas da língua que, um dia, o fez falante –, mas retirando-o também da própria dinâmica da fala enquanto função comunicativa – haja vista a "falta de serventia" disso que, na cena da comunicação, constitui o dizer. Afinal, como negativo, como sombra do dito, o dizer ultrapassa a dimensão da linguagem enquanto ferramenta comunicativa; é o sujeito falante quem se transforma em instrumento da língua – língua que sobre ele atua –, e não o contrário. Assim, cabe pensar o dizer como esse registro que lalíngua lega ao adulto; o que lhe sobra de um passado de esquecimento e aquisição linguísticos e que assombra, sempre prestes a dar as caras, o seu uso corrente do idioma – no lapso, no ato falho, nos jogos de linguagem, nas onomatopeias e exclamações (Heller-Roazen, [2005] 2010a)... enfim, em tudo o que é capaz de atribular o regime de sentido não só com o contrassenso que lhe cabe, mas também com o *extrassenso* que lhe extravasa – aquilo que é alheio ao sentido como tal.

Por essas e outras, Lacan (1974) considera que lalíngua, embora em uso, não pode ser propriamente considerada viva. Afinal, depósito dos ecos do dizer, ela veicula a morte da palavra; ela re-tumba, ressepulta o próprio signo como elemento diferencial – curto-circuitando e confundindo a língua enquanto sistema de diferenças regido pela arbitrariedade. É a partir de lalíngua que *a cena* da estrutura *acena* para o sujeito; que a *sela* da linguagem dá a ver seu lado *cela* e que o *ser* e o *sadio* se atritam dentro do *são*. Em suma, que os *extratos* da língua que ecoam entre si confundem os *estratos* de que nos valemos para nortear as nossas andanças pelas suas veredas, e daí já não sabemos mais exatamente onde foi parar o sentido (Milner, [1978] 2012).

O dizer, por assim dizer, denuncia a língua como avesso de um regime de lalação; e é justamente por lalíngua operar como uma espécie de negativo da língua – como *alíngua*, sua sombra constitutiva – que entendemos a sua presença no ponto cego da consciência. Daí a conclusão lacaniana de que o inconsciente é feito de um saber que se articula de lalíngua (Lacan, 1974); isto é, que aquilo que se cria na cria humana ao lhe impingir uma língua não se limita ao diálogo positivo e inequívoco (puro código e mensagem), mas está embrenhado a uma falta constitutiva, a uma carência essencial no corpo: falta que, é preciso dizer, faz de nós não menos, mas mais do que bípedes implumes e meramente comunicantes.

Referências

CARDOSO, A. C. V. Reflexões sobre o desenvolvimento auditivo. *Verba Volant*, Pelotas, v. 4, n. 1, jan.-jun. 2013.

CHABOUDEZ, G. *Ce qui noue le corps au langage.* Paris: Hermann, 2019.

CONDILLAC, É. *Ensaio sobre a origem dos conhecimentos humanos* [1746]. Trad. P. P. Pimenta. São Paulo: Editora Unesp, 2018.

CORDEMOY, G. *Discours physique de la parole.* Paris: F. Lambert, 1668. Disponível em: https://gallica.bnf.fr/ark:/12148/bpt6k50506f. Acesso em: 10 dez. 2020.

FREUD, S. *As pulsões e seus destinos* [1915]. Edição bilíngue. Trad. P. H. Tavares. Belo Horizonte: Autêntica, 2013. (Obras Incompletas de Sigmund Freud).

FREUD, S. Projeto de uma psicologia [1895]. Trad. O. F. Gabbi Jr. *In*: GABBI JR., O. F. *Notas a Projeto de uma psicologia: as origens utilitaristas da psicanálise.* Rio de Janeiro: Imago, 2003. p. 171-260.

FREUD, S. Três ensaios sobre a teoria da sexualidade [1905]. *In*: *Três ensaios sobre a teoria da sexualidade, Análise fragmentária de uma histeria ["O caso Dora"] e outros textos*. Trad. P. C. de Souza. São Paulo: Companhia das Letras, 2016. p. 13-172. (Obras Completas, 6).

GROSS, O. Três ensaios sobre o conflito interno [1920]. *In*: *Por uma psicanálise revolucionária.* Trad. P. S de Souza Jr. São Paulo: Annablume, 2017. p. 189-238.

HELLER-ROAZEN, D. Exclamações [2005]. *In*: *Ecolalias.* Trad. F. A. Durão. Campinas: Editora da Unicamp, 2010a. p. 11-15.

HELLER-ROAZEN, D. O ápice do balbucio [2005]. *In*: *Ecolalias*. Trad. F. A. Durão. Campinas: Editora da Unicamp, 2010b. p. 7-9.

LACAN, J. De James Joyce comme symptôme. Transcrição de H. Brevière. Conferência ministrada em Nice, 24 jan. 1976. Disponível em: encurtador.com.br/vGIY7. Acesso em: 10 dez. 2020.

LACAN, J. La troisième. Transcrição de P. Valas *et al*. *In*: CONGRESSO DA ESCOLA FREUDIANA DE PARIS, 7., 1º nov. 1974, Roma. Disponível em: http://www.valas.fr/. Acesso em: 10 dez. 2020.

LACAN, J. *Le séminaire, livre XXI: Les non-dupes errent* [1973-1974]. Inédito. Disponível em: http://staferla.free.fr/S21/S21.htm. Acesso em: 10 dez. 2020.

MILNER, J.-C. *O amor da língua* [1978]. Trad. P. S. de Souza Jr. Campinas: Editora da Unicamp, 2012.

SACKS, O. *Vendo vozes: uma viagem ao mundo dos surdos* [1989]. Trad. L. T. Motta. São Paulo: Companhia das Letras, 1998.

SOUZA JR., P. S. O sexual no corpo da língua. *Gragoatá*, Niterói, v. 24, n. 49, p. 536-549, maio-ago. 2019.

TAESCHNER, T. *The Sun Is Feminine: A Study on Language Acquisition in Bilingual Children* [1983]. Berlin: Springer-Verlag, 2012. (Springer Series in Language and Communication, 13).

VORCARO, A. M. R.; SANTOS, L. C.; MARTINS, A. O. *O bebê e o laço social: uma leitura psicanalítica*. Belo Horizonte: Artesã, 2018.

O pior cego é aquele que não quer escutar: relações entre o olhar e a voz em psicanálise

Mauro Mendes Dias

O ditado popular "O pior cego é aquele que não quer ver" transmite com clareza que o pior cego é aquele que não quer enxergar o que está diante de seus olhos. E ele assim se mantém, diante de um outro que admite a verdade como decisiva. A tal ponto que, somente se fazendo de cego, como pior cego, o sujeito deixa de admitir a verdade diante de seus olhos, totalmente possível de ser reconhecida.

É notável que a tradição popular tenha feito comparecer um elemento em comum com a psicanálise, qual seja, a admissão expressa, em cada um dos termos que compõem o ditado, da existência de uma cegueira que é produzida com o objetivo de não ver, de não ser afetado pela verdade. A verdade é vista através de um elemento que vem barrar, impedindo que o sujeito se mantenha com as mesmas convicções, os mesmos pontos de vista e sentidos. Se ele não tem mais como continuar vendo o mundo, experimentando-o da mesma forma, na mesma posição, depois de entrar em contato com a verdade, é somente porque ele consentiu em deixar cair a posição de pior cego. É quando passa de pior cego a cego pela verdade. Não foi outra a experiência de Édipo ao final da peça de Sófocles. Ao arrancar os próprios olhos, Édipo mostra os efeitos produzidos pela verdade, da qual o homem não pode escapar impune. Pelo mito se revela a punição do assassinato do pai e a transgressão das núpcias com a mãe. Mesmo que Édipo não soubesse, a cegueira virá marcá-lo como impossível de redenção.

O outro ponto de ligação do ditado popular com a psicanálise é que, junto à cegueira do pior cego se fazendo ativamente cego à verdade, há também a cegueira que é efeito do encontro com a verdade. Nesse caso, a cegueira passa da condição do pior cego àquela que é constitutiva de cada um. Iniciar uma articulação que procure mostrar a relação entre o olhar e a voz em psicanálise leva a ressaltar que, devido à estruturação de cada ser falante pela linguagem, a cegueira e a surdez nos são constitutivas. Pela experiência se constata que a linguagem, ao ser condição do inconsciente, determina que aquele que fala não seja coincidente com aquele de quem se fala.

No caso da cegueira, ela se encontra presente nos três tempos da constituição do olhar. O primeiro tempo corresponde à cegueira que é própria aos momentos iniciais do nascimento, produzindo uma limitação da percepção e do reconhecimento dos objetos no mundo ao redor. O recém-nascido enxerga sem nitidez, vendo somente contrastes de cor. Tanto é assim que o tamanho de seu olho é três vezes menor do que o normal. Entre 5 e 6 meses a visão começa a se desenvolver de fato, ainda que a plena capacidade de realizar diferenciações demore cerca de mais de quatro anos para se firmar.

A condição de se reconhecer como portador de um olhar só é possível em função dos diferentes tipos de investimento do Outro, que permitem ao sujeito se reconhecer como eu, a partir do estádio do espelho (Lacan, [1966] 1998), entre os 6 e os 18 meses. Nessa experiência de estruturação da imagem "unificada" de si mesmo, o sujeito ratifica que, ao ser olhado pelo Outro, conquista a capacidade de olhar o mundo com os seus próprios olhos. Essa condição irá avançar numa ligação entre o desenvolvimento cerebral e o desejo do Outro que o anima. Pode-se notar que o investimento que o Outro realiza para olhar o sujeito, reconhecendo-o, decide pela possibilidade tanto de olhar para si mesmo, seu próprio corpo, quanto de se fazer ser olhado de forma amada e admirável. Tais momentos de estruturação não vêm sem o investimento da voz: tanto é assim que, mesmo nascendo cego, o sujeito se "verá" pela voz que o identifica e distingue.

O segundo tempo se estrutura por via da instalação de um circuito visual que se manifesta na relação da mãe com o bebê. É o tempo da troca de olhares, seja de admiração, seja de interrogação sobre o sentido de algumas manifestações. Fica evidenciado que o circuito do olhar entre a mãe e a criança estabelece uma distinção entre o ver e o olhar. Entende-se aqui que a mãe se faz olhar pela criança com o objetivo de que ela, criança, dirija-se à mãe. O olhar introduz a erogeneização, a libidinização do olho pelo desejo, de maneira a que a criança invista suas atenções e apelos no mundo da mãe, estruturado pela ausência-presença desta.

Afirmar que há uma cegueira que é constituída com a mãe é o mesmo que admitir que a criança seja estruturada, investida desejantemente pelo olhar dela. Esse olhar priva o sujeito de ser inteiramente visto. Ele é olhado pelo que de desejo comparece no olhar dela, mãe. Esse olhar, tanto quanto seu desejo, é estruturado por um limite. Ele não é total, ainda que participe, em muitas ocasiões, de uma tendência ao panóptico.

A cegueira que o olhar da mãe introduz tem a ver com a condição de ela ser castrada, daí que olha e investe no filho de forma parcial. A outra parte dele continua cega a ela, assim como ao sujeito, que nela se liga para ser visto, amado e atendido. Mas é exatamente porque a mãe é cega, ou seja, marcada pela castração, que ela abre para a criança a condição de fazer de sua cegueira, a da mãe, passagem para ser visto de Outro lugar.

É o momento da entrada em cena do sujeito, momento esse que é a comemoração de uma perda. O sujeito perde o discurso do Outro a partir do momento em que o ressignifica, sendo olhado, portanto, de Outra maneira. Tanto quanto perde a condição de objeto de satisfação e de admiração com quem mantinha uma suposição de precisar se manter num mesmo lugar, para ser amado e admirado.

O terceiro tempo de estruturação da cegueira, bem como do olhar, efetiva-se a partir do momento em que a parcialidade do olhar não se encontra mais determinada pela correspondência do sujeito ao Outro, mas pelas limitações que lhe são próprias. Assim, tanto a cegueira como a surdez são motivos de um espanto que leva o sujeito a buscar o que foi perdido, e que agora comparece como causa da procura de Outra coisa.

Ao seguirmos o ensinamento freudiano, somos levados a considerar que a cegueira é efeito de o objeto de satisfação dos primeiros momentos da existência se apresentar por traços, marcas, e, por isso mesmo, a alucinação é um recurso do qual o *infans* se vale para dar sustentação, fugidia, a uma imagem do objeto que lhe promoveria uma satisfação absoluta. Assim, podemos reconhecer que o objeto de satisfação parcial, chamado objeto pulsional, é causa de reinvestimento do sujeito para renovar sua busca constante.

Acompanhando Freud, podemos reconhecer que não é somente a título de inclusão da cegueira na constituição que sua contribuição avançou. Além disso, ele mostrou que há uma relação entre cegueira e voz, estabelecida pelo supereu, enquanto instância definida como responsável pela proibição e causadora de excitação para a transgressão da Lei da linguagem, que é condição do desejo.

No artigo de 1910 intitulado "A concepção psicanalítica da perturbação psicogênica da visão", ele atribui à cegueira um efeito de punição por ter o sujeito desejado ver uma cena de transgressão da proibição de desejos incestuosos. Ao ter consentido nisso, o sujeito é punido como forma de interromper esse tipo de investimento. Diz Freud ([1910] 1996, p. 133):

> Quanto ao olho, estamos acostumados a interpretar os obscuros processos psíquicos implicados na repressão da escopofilia sexual e no desenvolvimento da perturbação psicogênica da visão, como se uma voz punitiva estivesse falando de dentro do indivíduo e dizendo: "Como você tentou utilizar mal seu órgão para prazeres sensuais perversos é justo que você nunca mais veja nada", é como se, desta maneira, estivesse aprovando o resultado do processo.

Uma vez que a voz de punição do supereu age sobre os desejos incestuosos do sujeito, impedindo-o de enxergar, não somente se reafirma a ligação entre o olhar e a voz, mas, mais além, Freud alude à condição do inconsciente como lugar dos desejos que foram recalcados, afirmando que lá o sujeito continua a ver. Considera que a causa desse tipo de cegueira não é orgânica, daí a possibilidade de tratá-la via abordagem dos desejos recalcados, reconhecendo-os, elaborando-os.

As chamadas curas milagrosas promovidas por alguns médiuns encontram aqui seu fundamento. Prometendo ao sujeito a recuperação da visão, ato contínuo desculpabilizam-no por ter desejado olhar seus desejos incestuosos serem realizados.

Uma vez que a voz e o olhar se mantêm ligados pela presença do supereu como voz que pune com a cegueira, podemos afirmar que tal imperativo – Não verás – é determinante para o funcionamento de órgãos, tais como os da visão. Nesse sentido, o corpo, para a psicanálise, não é coincidente à reunião de órgãos, que se exercitam com maior ou menor competência fisiológica. O corpo é composto por bordas que são libidinizadas, investidas pelo Outro e pelo sujeito, de modo que esses orifícios possam se constituir como zonas erógenas – zonas essas que irão ser investidas, a partir do desejo do Outro.

Não é preciso se encontrar tão intimamente próximo da psicanálise para poder admitir que as pulsões escópica e invocante não comparecem sempre ligadas, o tempo todo. Fazer com que o bebê vire seu rosto para olhar na direção do lugar onde reconhece como sendo de origem da voz reafirma a ligação entre a voz e o olhar. Por outro lado, ao colocar a análise na direção do olhar, podemos admitir que o encantamento da criança pelo olhar da mãe, fazendo-se olhar por ela, é uma experiência que se separa da voz como decisiva, enquanto elemento sonorizável. Em contrapartida, ao afirmar que "a paranoia é a voz que sonoriza o olhar, o qual se faz assim prevalente", na sessão do dia 8 de abril 1975, do seminário *R.S.I.*,[1] Lacan nos ensinou a condição de comando que a voz pode assumir, retirando de cena o sujeito.

Nessa montagem, que é a da paranoia, o olhar assume outro estatuto: que não é mais semelhante ao do pior cego, uma vez que este havia consentido na negação, na recusa ou no recalque da verdade. O consentimento do sujeito à paranoia que o leva a sonorizar o olhar não é igual ao do pior cego. Nesse caso, o poder de decisão ficou obstruído pela presença invasiva do Outro, que faz seu olhar ser sonorizado pela voz do Outro, o qual praticamente decide o que é visto.

Assim, parece ser mais apropriado falar de mártir do olhar, como sinônimo daquele que vê a partir de sua própria invasão. Encontramo-nos,

[1] "C'est la voix qui sonorise, le regard qui devient prévalent". LACAN, J. *O seminário, livro 4: R. S. I.* Rio de Janeiro: Jorge Zahar, 1974-1975. p. 69. Lição 9.

aqui, nos arquivos existentes das pinturas que retrataram as imagens de invasão que anunciavam o fim dos tempos. Os diferentes pintores que se ocuparam de pintar as imagens do Apocalipse fizeram suas obras em telas de grandes dimensões. Por quê?

Estão aí a nos mostrar as diferentes devastações, tanto subjetivas quanto coletivas. As telas são de grandes proporções, tais como são grandes as devastações que estão à nossa volta. Ainda assim, é preciso fazer ver em grandes proporções, de forma a fazer barreira à cegueira que reina à custa de não querer admitir os efeitos da verdade, enquanto aqueles que são também escutados. Portanto, é preciso fazer barreira às vozes que seduzem os sujeitos a se fazerem piores cegos. Agora, devido à ligação entre o olhar e a voz, o pior cego é aquele que não quer escutar. Portanto, em função da relação entre a voz e o olhar, como objeto causa de desejo, o pior cego é o nome da posição do sujeito que curto-circuita, impedindo a ligação do que se vê com aquilo que se ouve.

Uma vez que se trata de olhar, não se considera mais o que é visto, mas sim sua ligação com o querer ver. Freud mencionou o querer ver como uma atividade típica do olhar, em uma das suas cinco psicanálises, a do caso Hans. Essa criança procurava tocar os genitais femininos, em particular os da mãe, em busca do falo, como sinônimo de objeto faltante, mas que é responsável pela organização de uma crença que vai determinar os diferentes tempos da estruturação do sujeito.

De forma a dar prosseguimento à ligação entre o olhar e a voz, permitindo que se reescreva o ditado popular para "O pior cego é aquele que não quer escutar", vale a pena considerar que o olhar e a voz são também comandados por discursos como a propaganda e o marketing, que promovem diferentes posições subjetivas para abordar o mundo, implicando-se com ele.

Marx já havia notado o fetichismo como montagem rigorosa para engendrar o ciclo de produção da mais-valia e do consumo das mercadorias. Por isso mesmo, sua contribuição é decisiva para situar de que maneira, na economia capitalista de mercado, os sujeitos são levados a consumir, seduzidos que estão pelo caráter fetichista da mercadoria.

Em seu texto sobre o fetichismo, de 1927, Freud nos esclarece que "o fetiche é um substituto para o pênis", mas "não é um substituto para qualquer pênis ocasional, e sim para um específico e muito especial, que foi extremamente importante na primeira infância, mas posteriormente perdido. Isso equivale a dizer que normalmente deveria ter sido abandonado; o fetiche, porém, se destina exatamente a preservá-lo da extinção" (FREUD, [1927] 1996, p. 95).

Nos termos da elaboração freudiana, o fetiche é um objeto que vai cumprir a função de manter a cena da completude da mãe, enquanto um Outro que, assim, garantiria ao sujeito não ter de se haver com os efeitos da castração, como a angústia. Nesse sentido, o caráter fetichista da mercadoria se encontra na dependência de um tipo de instrumentalização do mercado que confere a elas, mercadorias, uma promessa de satisfação inédita, ilusória, tal como o fetiche. Tão mais efetiva é essa promessa quanto mais o fetiche é agenciado ao mesmo tempo pelo olhar e pela voz – agenciamento esse que, ao refazer a ênfase no valor de uso com brilho, compõe uma cena onde as intempéries da vida cotidiana desaparecem.

Nos termos apresentados anteriormente, o olhar e a voz participam como objetos que fixam uma promessa de satisfação. Portanto, ao imobilizar o sujeito numa cena fantasiosa, cumprem a função de objetos que renovam uma aposta pela busca de um gozo sem interdito.

Se o olhar e a voz podem ser transformados em objetos que causam a busca de um gozo inédito, é menos pelo que eles mostram, e mais pelo que sugerem, ou seja, pelo que encobrem da realidade. Então, há uma diferença significativa entre a apreensão do olhar e a voz como objetos-causa de gozo e sua acepção como causa do desejo. Diferentemente da promessa de gozo que fixa o sujeito numa fantasia, a condição do olhar e da voz como causa de desejo os apresenta como responsáveis pelo agenciamento de perda, e não de posse. É somente ao se deixar cair do lugar que ocupava como objeto amado e de admiração para um Outro que o sujeito realiza, por via de diferentes repetições, o avanço na sua particularidade.

Da mesma forma, ao insistir na realização de novas posições subjetivas, o sujeito faz cair o discurso/desejo do Outro que o constituiu. Condição essa em que a renovação de sua aposta não se fundamenta mais na posse de um objeto, mas sim pela perda e pelo deslocamento causados por uma busca que é condição de reinvenção.

Só se pode apreender que o pior cego é aquele que não quer escutar na medida em que se admite que a ignorância seja uma das paixões que nos cativam. E ela se torna tão mais dominante quanto mais a cegueira e a surdez se reúnem na comemoração do gozo da estupidez.

Referências

FREUD, S. A concepção psicanalítica da perturbação psicogênica da visão [1910]. *In*: *Cinco lições de psicanálise, Leonardo da Vinci e outros trabalhos*. Trad. Jayme Salomão. Rio de Janeiro: Imago, 1996. p. 129-134. Disponível em: bit.ly/36fXMGh. Acesso em: 27 nov. 2020. (Edição Standard Brasileira das Obras Psicológicas Completas de Sigmund Freud, 6).

FREUD, S. Fetichismo [1927]. *In*: *O futuro de uma ilusão, O mal-estar na civilização e outros trabalhos (1927-1931)*. Rio de Janeiro: Imago, 1996. p. 92-98. Disponível em: bit.ly/2JkeF9A. Acesso em: 27 nov. 2020. (Edição Standard Brasileira das Obras Psicológicas Completas de Sigmund Freud, 21).

LACAN, J. O estádio do espelho como formador do eu: tal como nos é revelada na função psicanalítica [1966]. *In*: *Escritos*. Trad. Vera Ribeiro. Rio de Janeiro: Jorge Zahar, 1998. p. 96-103. Disponível em: bit.ly/2JlPQtO. Acesso em: 27 nov. 2020.

MARX, K. O processo de produção do capital [1867]. *In*: *O capital: crítica da economia política*. Rio de Janeiro: Bertrand Brasil, 1966. v. 1.

A marca materna[1,2]

Colette Soler

O império do pai não existe mais, o que não é novidade. Para alguns, trata-se de um efeito da ciência. De fato. Mas o que pode se tornar a família fora desse império?

Em 1958, no texto "Para um congresso sobre a sexualidade feminina", Lacan intitulou o último capítulo: "A sexualidade feminina e a sociedade". Ele interrogava, então: não seria pelo efeito da "instância social da mulher" que "se mantém o status do casamento no declínio do paternalismo?" (Lacan, 1998f, p. 745). Cerca de quarenta anos se passaram desde então e, hoje, sem dúvida, hesitaríamos em reconhecer, no casamento, o último resíduo do esfacelamento dos grupos sociais. Certamente, ainda nos casamos, mas nos divorciamos igualmente, e tampouco deixamos de "morar junto"; dizem-nos que, além disso, a

---

1 Publicado originalmente no Brasil sob o título "A mãe no inconsciente", em: SOLER, C. *O que Lacan dizia das mulheres*. São Paulo: Zahar, 2005; reproduzido aqui com autorização da editora. Para esta edição, o texto foi revisado por Yolanda Vilela, psicanalista, escritora e tradutora. (N.Org.)

2 "A marca materna" foi o texto escolhido por Colette Soler para a Coleção Parentalidade & Psicanálise. Ainda que produzido há alguns anos, a autora nos chamou a atenção para sua atualidade e relevância no cenário psicanalítico contemporâneo. Recebemos honradas seu capítulo pela importância de sua produção teórica, bem como por encontrarmos, em Soler, ressonância quanto ao entendimento de que renovar a psicanálise a partir das transformações sociais que têm atravessado o campo da família nas últimas décadas implica preservar o campo psicanalítico dos apelos da modernidade. (N.Org.)

família, já limitada às dimensões do casal e de sua progenitura, está, agora, reduzida à sua nova forma, chamada monoparental, em mais de quarenta por cento dos casos. Isso é provavelmente apenas o começo.

Mais essencialmente: não seriam as estruturas elementares do parentesco que mudaram? Lacan gostava de evocar, em referência a Lévi-Strauss, a lei da troca que reina aí, ignorada até mesmo por aqueles que ocupam lugares nessas estruturas, na qual as mulheres – quer isso as desagrade, quer não, como ele dizia – circulam como objetos de troca e de aliança entre a linhagem dos homens. Como poderia continuar sendo assim quando o ideal igualitário passou indiscutivelmente para o registro do real? Damo-nos conta disso? Ele passou para o real na medida em que varreu todas as hierarquias dos lugares institucionalmente instituídos. Isso não significa, contudo, o surgimento do reino da igualdade, como se sabe, porém, o nivelamento das diferenças simbólicas não deixa, de agora em diante, subsistirem senão disparidades efetivas – o que muda tudo. Contra estas últimas, lutamos, evidentemente, em nome da justiça distributiva, sempre ausente quando se trata de distribuir os bens como direitos efetivos, mas não há senão as crianças e alguns doentes mentais que o direito ainda priva da livre disposição sobre si mesmos.

Cada um continua, sem dúvida, apesar do direito, a experimentar o toque do inconsciente nos assujeitamentos subjetivos que lhe são próprios, mas a circulação real dos corpos, de um país a outro, de uma casa a outra, de uma cama a outra, é doravante comandada por outras exigências, ao mesmo tempo mais conjecturais e mais reais que aquelas que o simbólico ordenava. As únicas contingências da vida que substituíram os *automatons* regulados do simbólico são as circunstâncias do nascimento, a singularidade dos gostos, os acidentes da política, as transformações do mercado de trabalho que, conjugados, comandam os acasos dos encontros. Todos peregrinos do acaso, portanto! Desde então, a nova religião tem seus padres, seus confessores e seus negociantes, todos os malabaristas do evangelho do "talvez amanhã", da absolutização da "falta de sorte", da gestão das probabilidades que tudo pode oferecer: uma mãe, um pai e até mesmo toda uma família para o órfão, uma criança, da cor que se quiser, "uma noivinha" vinda do leste europeu, um parceiro, para toda a vida ou somente por um tempo, etc. Pode-se, sem dúvida, supor que o regime do individualismo desenfreado que hoje triunfa, sustentado na fragmentação dos antigos laços sociais, vai engendrar suas próprias regulações e, talvez, como querem os otimistas, solidariedades inéditas. Mas a questão que me coloco aqui é outra.

A instância da mãe não toma um peso proporcional ao efeito de desagregação molecular que marca o nosso século, e do qual o indivíduo, muito mais que a família, se anuncia como o resíduo último?

Prescindir do pai, dizia Lacan, com a condição de se servir dele. Da mãe, parece que também é possível prescindir, até mesmo por vontade própria ou por obrigação, o que já indica a dissimetria, mas desde que se tenha servido dela... pelo menos para a produção do corpo. O sonho de Frankenstein o confirma, e os avanços das técnicas de reprodução-ficção não o desmentem. Ainda não. Ocorreu a Lacan designar as mulheres pelo termo "poedeiras". O toque um pouquinho infamante dessa redução etológica deixa claro que a mãe, como genitora, não é um semblante, ao passo que a disjunção entre a função reprodutora, real, e a função de semblante, simbólica, encontra-se exatamente invertida do lado do pai, o qual, como Nome, é um semblante, mas não um genitor.

Deixando de lado esse ponto-limite da reprodução dos corpos, a função dos cuidados maternos é substituível. As antigas práticas das amas-secas, assim como as práticas mais atuais da adoção, dão testemunho disso. Aliás, não faltaram tentativas históricas de substituir as mães, na fantasia ou na realidade. Basta pensarmos em Rousseau, com seu *Émile*, no qual a preocupação de afastar definitivamente a mãe é tão premente que o autor faz dela uma condição *sine qua non* para se fazer um homem... com a condição de que, primeiramente, ela o amamente! Não nos esqueçamos tampouco das diversas tentativas de educação não maternal, coletivizadoras, que marcaram o século XIX com ideologias bastante opostas, como Israel e a URSS.

Todavia, no vínculo social de hoje, a mãe ou seu substituto torna-se, num número cada vez maior de casos, o parceiro preponderante e até mesmo exclusivo da criança, ou, ao menos, o único parceiro estável. O que explica uma configuração que se tornou muito comum: uma mãe com seu filho ou filhos, vez por outra com um homem – ou uma série de homens que se sucedem –, ao qual se dá o nome de "companheiro da mamãe". Obviamente, as configurações concretas são múltiplas e variadas, mas a mobilidade dos laços sociais e amorosos dá ao cara a cara da criança com a mãe um peso novo na história, que não poderia deixar de ter consequências subjetivas.

Qual a implicação da psicanálise nessa mudança de situação na civilização? Trata-se de uma questão dupla, que incide sobre o próprio discurso analítico, sobre o que se diz, ou não, numa psicanálise, entre o analisando e o analista. Mas ela tampouco deixa de incidir sobre a elaboração teórica que esclarece o discurso analítico, pois não deixa de responder pelos fatos que colhemos aí, uma vez que prática e doutrina são solidárias nesse ponto.

A questão da função e do lugar da mãe na subjetividade é coextensiva à história das doutrinas do sintoma. A teoria analítica serviu-se muito do papai e da mamãe, como se sabe. Infância, talvez! A questão essencial incide, em todo caso, sobre a causa desse fato subjetivo central, irredutível, que Freud chamou de castração – o que significa, essencialmente, prejuízo de gozo –, a qual, diferentemente do Édipo, "não é um mito" (Lacan, 1998g, p. 835) e requer alguns objetos compensatórios. Freud construiu uma estrutura que distribuía as funções: de um lado, um objeto de satisfação primária, de outro, uma função de limite. Assim se confrontam, no romance edipiano da criança, a mãe-objeto – seja de amor, de desejo ou de gozo –, objeto a ser perdido, e o pai freudiano, portador da proibição.

Depois desse pai do mito do Édipo, foi a mãe que os pós-freudianos passaram a questionar no tocante às causas. Várias mães, de fato: com seu corpo cheio de objetos (Melanie Klein), seus cuidados (Winnicott) e seu amor primário (Balint). Em cada um dos casos identificou-se a causa da infelicidade subjetiva com o fracasso ou os limites da função materna. Na ordem dessas referências: cheia de objetos, a mãe poderia ser culpada de receptação; como envoltório incondicional, faltaria para com a presença absoluta; como toda-amor, ela pecaria por "parcialidade", se assim posso dizer. Desorganizando, desse modo, a bela repartição freudiana, depositou-se em seus ombros, ao lado da oferta de gozar, a primeira limitação do gozo, substituindo-se o princípio da legitimidade paterna pela falta do amor materno.

Esse retorno à mãe se esclarece parcialmente por seu contexto. Ele se inscreve nos problemas do desenvolvimento da história da psicanálise: por um lado, sua extensão às crianças e à psicose e, por outro, seu encontro com limites com os quais o próprio Freud se deparou. Após a fase áurea das primeiras descobertas colhidas nesse dispositivo, sabe-se que ele foi levado a constatar que o sintoma era apenas parcialmente dócil à operação de decifração, e a levar em conta o elemento resistente da estrutura. Restava, ainda, conceber esse elemento recalcitrante. Pulsão de morte, mais além do princípio de prazer, reação terapêutica negativa, tropeço na análise interminável e, por último, mal-estar na cultura, foram esses os termos da resposta de Freud. Sem dúvida, o sintoma encontrava-se presente desde o início dando testemunho de certa hiância no gozo, mas, no começo, foi possível crer que ele era contingente e atribuir-lhe a alguma distorção individual. Instruído pela experiência, Freud concluiu que ele era irredutível e até mesmo duplo: a coisa mancava, de um lado, por falta – a castração – e, de outro, por excesso: o imperialismo das pulsões, sempre parciais, que nunca desistem, nem mesmo ao preço do desprazer. Em outras palavras, há um gozo impossível de ser alcançado, mas há também um gozo impossível... de ser reduzido.

Foi nesse contexto dos paradoxos do gozo que os psicanalistas posteriores a Freud convocaram a mãe. Não sem que uma lógica secreta os impulsionasse: a mãe foi, em todo caso, o primeiro objeto do gozo impossível elevado à condição de culpado pela limitação. Quanto a esse ponto, nada era mais simples, aliás, do que autorizar-se a partir dos ditos do analisando, porque ele era o primeiro que, livre para dizer o que lhe ocorresse, não podia fazer outra coisa, houvesse o que houvesse, senão voltar, sempre e repetidamente, à infância e a seus primeiros objetos. Que a fala sob transferência seja, de certa forma, imantada pelas figuras originárias é fato, mesmo que seja preciso mais do que isso, evidentemente, para situar a ordem das causas. E na queixa do analisando, já que essa é a forma que a fala transferencial toma inicialmente, a mãe é infalivelmente convocada porquanto inscrita no cerne das lembranças mais marcantes do sujeito.

Isso quer dizer que é preciso atribuir a culpa à família? Não é esse o postulado da psicanálise. Muitas coisas transitam entre as gerações, sem dúvida, mas, com certeza, não a causa dos sintomas: invocar uma causalidade familiar nesse nível tornaria ininteligíveis os efeitos terapêuticos da fala sob transferência, que se desenvolve totalmente no espaço do sujeito. Isso não impede, contudo, que cada um traga no mais íntimo de si a marca do "Outro primordial". Nesse aspecto, a psicanálise está em sintonia com o declínio do pai na cultura, ao menos na medida em que ela nunca deixou de enfatizar o papel da mãe.

Podemos traçar a curva geral desse debate. Ele concerne à função estrutural da mãe. Freud acentuou sem ambiguidade a função essencial, central para ambos os sexos, da castração materna.

Aproximadamente cinquenta anos mais tarde, com Winnicott, Balint e o chamado *middle group* inglês, passou-se resolutamente a outra coisa, a saber: o papel insubstituível da presença e do amor maternos. Seria preciso ainda, nesse meio tempo, dar lugar a Melanie Klein, que priorizou os objetos bons e maus e menos a castração da mãe.

Quanto a Lacan, ele chamou inicialmente a atenção para o desejo da mãe. O que significa dizer que, ali onde havia surgido a mãe do amor, ele invocou... a mulher. E a mulher para ele foi, primeiramente, a mulher do pai, aquela que ele inscreveu em sua escrita da metáfora paterna, retornando, assim, a um Édipo freudiano racionalizado em termos de linguagem. Mas Lacan não se deteve nisso, como sabemos: ele foi mais além do Édipo, onde situou a mulher barrada, Outra, não toda ocupada com o homem ou o filho.

É justamente essa a nossa questão: o que dizer da mãe, do ponto de vista que inclui o mais além do Édipo? Não foi apenas a sociedade que mudou ao acentuar cada vez mais o papel preponderante e às vezes exclusivo da mãe junto ao filho. Também a psicanálise mudou com o ensino de Lacan, com sua formalização, nos anos 1970, de uma lógica que não é a lógica unária do Édipo e que implica novos avanços quanto à feminilidade. Observo, aliás, que, para Lacan, desde 1958, a ênfase depositada pelos psicanalistas nas carências do amor materno ou no imaginário do corpo materno era passível de interpretação: ele reconhecia aí, com efeito, "uma promoção conceitual da sexualidade da mulher" (Lacan, 1998b, p. 725), chamando assim a atenção para a economia do seu desejo e do seu gozo. De fato, atualmente – refiro-me aos alunos de Lacan –, enfatiza-se a função de seu gozo.

Evidentemente, há um discurso prévio sobre a mãe que faz dela o objeto vital por excelência: o polo das primeiras sensações sensuais, a figura que condensa a nostalgia essencial do ser falante, o próprio símbolo do amor. Ecos disso ressurgem, claro, nos ditos dos analisandos, mas, fundamentalmente, estes acentuam outra coisa: a angústia e a recriminação. Para situar essa defasagem no nível dos discursos, evocarei dois exemplos que têm o mérito de pôr em cena, entre a mãe e o filho, de maneira contrastante, o imaginário da castração.

Por um lado, o dizer de uma analisanda que se lembrou da menina que fora para sua mãe e, por outro, a lembrança emocionada que um filho guardou de uma mãe... excepcional. Lembrou-se a analisanda: ela devia estar com oito ou nove anos de idade aproximadamente e tinha uma cabeleira magnífica, com duas longas marias-chiquinhas. Um dia, a mãe lhe anunciou: "Vamos ao cabeleireiro cortar os seus cabelos". Por mais que ela implorasse, de nada adiantou, pois o espantoso projeto da mãe era fazer para si própria um coque postiço! Atualmente, tendo se tornado mãe ela mesma, a analisanda ainda guarda no alto de um armário esse coque, objeto *agalmático* roubado que, afinal, sua mãe nunca ousou utilizar. A outra história é o contrário. Trata-se de um filho, que não é analisando, mas um músico célebre: o catalão Pablo Casals. Ele se lembra de um instante deveras perturbador. Na época, ele morava em Paris por vontade da mãe, que, embora não tivesse recursos, queria para ele escolas dignas de seu talento. Certo dia ela chegou em casa, irreconhecível, depois de vender sua bela e farta cabeleira, alegremente sacrificada à vocação do filho. Nesse caso, são a gratidão idealizadora e a saudade do objeto perdido que envolvem a lembrança.

Ao contrário, na associação livre, sejam quais forem as variações individuais, é antes como acusada que a mãe se instala. Imperiosa, possessiva, obscena ou, ao contrário, indiferente, fria e mortífera, presente demais ou ausente demais, atenta demais ou distraída demais, quer sacie excessivamente, quer prive, quer se preocupe, quer se mostre negligente, por suas recusas ou por suas dádivas, ela é, para o sujeito, uma imagem de suas primeiras angústias, lugar de um enigma insondável e de uma ameaça obscura. No cerne do inconsciente, as falhas da mãe sempre têm lugar, chegando até a "devastação", às vezes, quando se trata da filha, diz Lacan.

Não basta recensear essas queixas como um bom empirista. Seria preciso também construir a estrutura que encerra o seu polimorfismo. Ora, é surpreendente constatar que as doutrinas analíticas sobre a mãe transmitem, com muita frequência, as recriminações do neurótico, essas que permanecem inscritas na memória como traços, estigmas desse drama que Freud designou pelo termo "neurose infantil". Não é a voz da mãe que se ouve aí, mas aquela da queixa infantil que insiste na deploração do analisando, sem que sua verdadeira causa seja mais esclarecida. Lacan reprovou essa transposição simplista dos ditos dos analisandos que faz da própria doutrina um produto da neurose. Nesse sentido, ele qualificou, por exemplo, Melanie Klein de "tripeira inspirada", "arúspice de olhos de menina" (LACAN, 1998d, p. 761).

Uma coisa é fato: entre a mãe da qual se fala à mãe que fala, há uma grande distância. A primeira é objeto, vista pelo prisma da fantasia daquele que fala. A segunda é sujeito, eventualmente analisanda e, como tal, às voltas com a divisão do sujeito falante. Todo o problema, por conseguinte, é apreender, em cada caso, "por que caminho passam as fantasias, para ir da mãe ao filho" (LACAN, 1998d, p. 761), pois não se pode duvidar de que as fantasias que ela suscita devem algo a sua própria subjetividade, a sua falta e a sua maneira de obturá-la.

Esses caminhos só podem ser os do discurso, pois é como ser de fala que a mãe deixa sua marca no filho. Excetuando-se, contudo, o fato de que a fala toca precisamente o corpo, que ela só exerce a totalidade de seus efeitos enquanto encarnada e, sendo assim, não há contradição em evocar, por outro lado, o peso do gozo materno. Lacan foi levado a polemizar com os defensores do corpo a corpo silencioso que supostamente conjugaria numa unidade primária, considerada indiferenciada ou não, a mãe e seu produto. O texto "Observações sobre o relatório de Daniel Lagache" reflete isso, mas o debate visa, mais além do interlocutor do momento, a todos os partidários de uma causalidade pré-verbal da realidade psíquica. Não se pode certamente negar que a mãe, como genitora e parturiente, é um ser biológico; tampouco é possível negar que a reprodução dos corpos é inteiramente ordenada, ou até mesmo programada pelo discurso. Não há como ignorar que, no nível das necessidades vitais primárias do organismo e dos cuidados que elas requerem, entra em jogo o que Lacan propôs chamar de uma "relação de objeto *no real*" (Lacan, 1998e, p. 661); porém, a questão analítica diz respeito a outra coisa, ou seja, à emergência do sujeito e à marca que ele recebe do Outro materno.

O corpo está implicado nisso, obviamente. Primeiro porque, se a criança por nascer já é sujeito no dizer dos pais, quando ela surge no mundo é como corpo, no sentido do organismo sexuado. Organismo que, sem dúvida, é preciso fazer viver, mas, sobretudo, ser... civilizado e subjugado aos usos prescritos. A mãe, ou seu substituto, deve pôr a mão na massa: ao emprestar sua voz aos primeiros imperativos de regulação e contenção, ela é a primeira mediação daquilo que convém chamarmos de... a polícia do corpo. Esta não poderia passar unicamente pelo silêncio dos hábitos regulamentados, embora essas marcas não deixem de se imprimir. É preciso haver a linguagem em que a demanda se articula, e que é a única a permitir que esse corpo seja "*corpsificado* [*corpsifier*] de maneira significante", segundo a expressão de Lacan. Winnicott, Balint e alguns outros podem muito bem sonhar com um tempo prévio, do envoltório mítico de uma presença sem palavras e sem exigências. Podem mesmo supô-la, mas ela somente concerniria aos limbos do sujeito, onde nada de analisável poderia se inscrever.

Os poderes do verbo vão longe, chegando até a regular o gozo, e, desses poderes, a mãe é a primeira representante, uma vez que introduz o filho na demanda articulada ao impor a oferta em que ele se aliena: dupla oferta, da língua na qual se demanda e também da resposta que vem do Outro.

É aí que a vontade materna a disputa, às vezes, com seu amor, e que a criança pode ter a experiência da autoridade ou do capricho da mãe. Penso, por exemplo, na mãe para quem era uma questão de honra que seus filhos adquirissem o controle dos esfíncteres por ocasião do primeiro aniversário! O grande princípio moderno, antisadiano, segundo o qual ninguém tem o direito de dispor do corpo do outro acaba, desse modo, encontrando um obstáculo nessa zona-limite dos cuidados maternos, ficando a humanização primária do corpo exposta aos excessos e às transgressões que, antes mesmo de entrar em jogo para a criança a apreensão da diferença sexual, já a aprisionam no "serviço sexual da mãe" (Lacan, 1998c, p. 866), na posição de fetiche e, às vezes, na de vítima.

De resto, é surpreendente que o declínio da mediação paterna tenha como consequência direta a ascensão de toda sorte de especialistas, como se houvesse uma compreensão de que as mães não pudessem assumir sozinhas a humanização completa dos filhos. Há uma legião desses que se oferecem para se interpor no par primário, para dizer às mães o que elas devem ou não fazer. Às vezes, nem mesmo o pedopsicanalista, se assim posso chamá-lo, recua em se aventurar como Outro do Outro materno, para dar alguns conselhos às mães! É o caso de Winnicott e de Françoise Dolto. Na verdade, esse procedimento é conhecido desde o famoso caso freudiano do Pequeno Hans, de Freud, onde, numa família prestes a se desfazer, o "Professor" é chamado a intervir no nível de uma carência paterna.

Esses desvios no plano dos cuidados maternos prestam-se para indicar a que ponto a divisão da mãe e o lugar que ela concede ao filho são determinantes. Embora formulada de outra maneira, essa já era, aliás, a tese de Freud: sabemos da função estruturante que ele reconheceu na chamada fase do complexo de castração e na angústia específica que nela se manifesta. Ora, esta somente adquire importância, a seus olhos, a partir da descoberta da falta de pênis na mãe, que Freud identifica como a sua castração, e a partir da qual são produzidas as respostas sintomáticas do sujeito. Falar de divisão do sujeito – no caso, a da mãe como Outro da criança – é designar, ao mesmo tempo, a falta que funda o desejo, inscrita precisamente pelo símbolo ($-\phi$), e o objeto que lhe é correspondente na fantasia. Toda criança encontra-se na posição de sofrer a experiência e a marca disso. Isso é tanto verdadeiro que existe um ditado que registra uma dessas conexões: "mulher santa, filho perverso". Os psicanalistas, por seu lado, adquiriram o hábito de falar de mães de filhos... psicóticos, retardados, doentes, etc. (Lacan, 2003, p. 369-370).

"Amor materno" seria, então, uma expressão vã? Certamente, não; na verdade, como todo amor, ele é estruturado pela fantasia. O que não quer dizer que seja imaginário, longe disso; na realidade, ele reduz o parceiro a ser apenas o objeto convocado pela divisão subjetiva. Mais do que isso, a alienação inerente ao amor é elevada pela relação mãe-filho a uma potência superior, na medida em que, inicialmente, o recém-nascido não é um sujeito, mas um objeto. Objeto real nas mãos da mãe, que, muito além do que é exigido pelos cuidados, pode servir-se dele como de uma propriedade, uma boneca erótica feita para gozar e fazer gozar. Freud já havia apontado essa ambiguidade erótica dos cuidados maternos, da qual o sujeito em questão deverá emergir como efeito da fala. Esse é o passo que o pequeno autista nunca dá, e que, para qualquer outra criança, esse não é senão o primeiro passo no caminho da separação.

Tudo dependerá, portanto, do lugar que o inconsciente materno reservará a esse objeto surgido no real – caso lhe seja reservado algum lugar, pois há mães que são apenas poedeiras de objetos a serem abandonados, e para as quais o filho, por não ser um substituto fálico, não passa de um pedaço de carne. Lacan formulou essa hipótese a propósito da criança esquizofrênica. Frequentemente, é a solução materna para a falta fálica, e a maneira como o filho aí se situa, que irá marcar o destino da criança.

Convém ainda lembrar que a constância da fantasia do sujeito-mãe não exclui o impacto das conjunturas variáveis da vida, e também dá lugar à leitura que o pequeno sujeito delas fará. Não nos esqueçamos de que, para a mãe, tal como para qualquer outra pessoa, o desejo sustentado pela fantasia, e o gozo que que lhe é inerente, participam do impossível de dizer, e portanto, somente se aproximam pela via da interpretação que o pequeno sujeito fará do discurso que o envolve.

Compreendemos assim por que o complexo de castração se apresenta numa temporalidade de fase. É preciso haver certa maturação do organismo, sem dúvida, mas sobretudo um momento crucial, que é um momento de encontro em que, ao sabor das circunstâncias, o enigma do Outro barrado se atualiza para o sujeito, não raro em duas vertentes: como mistério de seu desejo e como opacidade de seu gozo. O nascimento de uma nova criança, um luto, uma separação, uma partida, em suma, todos os acidentes que afetam a libido da mãe e mais amplamente dos pais, apresentam-se como ocasiões propícias a isso.

Convém também concluir que a tão desgastada ideia do filho desejado não deve ser manejada de maneira demasiadamente simplista, e que o desejo de ter um filho não é idêntico a uma vontade de ter filhos: as esterilidades psicogênicas o evidenciam, e as falas dos analisandos o demonstram com frequência. Tal é o caso de um sujeito cujo nascimento, desejado e aguardado com alegre impaciência por uma família inteira, tornou-se imediatamente sombrio devido à morte simultânea do avô materno. Por ter sido afetado em seus primeiros três anos de vida pela depressão da mãe, sem dúvida patologicamente fixada em seu próprio pai, e que dizia: "meu filho matou meu pai", o sujeito, na "insondável relação que uniu o menino às ideias que cercaram sua concepção" (Lacan, 1998d, p. 765), não pôde identificar-se com o significante da vida e interpretou a sua vinda ao mundo não como o filho desejado que efetivamente fora, mas como o filho condenado à morte que ele de fato se tornou.

Devendo conquistar a presença e o amor maternos, em função de sua própria demanda, a criança se oferece inicialmente, nos engodos da sedução, para realizar o que as falas e condutas da mãe deixam entrever quanto ao objeto de seu desejo. Nesse processo, a mãe é elevada à condição de potência simbólica, detentora dos poderes da fala e, por conseguinte, dos poderes originários das primeiras palavras. "O dito primeiro decreta, legifera, sentencia, é oráculo, confere ao outro real sua obscura autoridade", diz Lacan (1998g, p. 822). Ele imprime traço na memória, onde reencontramos a voz, às vezes devastadora e persecutória, de suas palavras, seus imperativos e seus comentários... inesquecíveis.

Mas essa captura esbarra numa outra face dos poderes da fala: a de significar, mais além de seus ditos, de suas contradições, seus silêncios, seus hiatos ou seus equívocos, tudo o que ela não diz, mas dá a entender aos ouvidos atentos do jovem sujeito, sobre um desejo indizível que neles se deixa ler, ao passo que a opacidade do gozo se deixa surpreender, preferencialmente em cenas furtivamente vislumbradas. Na decifração desse enigma, é o próprio lugar de seu ser e sua identificação última que a criança busca, perscrutando e interrogando o Outro materno, de maneira tanto mais insistente por esperar encontrar aí a chave de sua "inefável e estúpida existência" (Lacan, 1998a), bem como a resposta à questão do que ela é para o Outro. O amor, tanto quanto o desejo, começa pela falta.

Se dei certo destaque a uma referência de Lacan, a que ele faz a *La femme pauvre* [A mulher pobre], de Léon Bloy (Soler, 1992, p. 119), foi porque podemos opor, numa mulher, a mãe e a mulher. A mãe que, de certo modo, por intermédio do filho, recupera o objeto de sua falta, e a mulher que, na medida em que sua libido se dirige ao homem, coloca-se como despojada daquilo que procura nele. Uma que tem, a rica, portanto, e outra que não tem, a pobre, como metáfora do (-ϕ). Basta que falte na mãe a diz-mensão [*dit-mension*] de um desejo outro, diferente daquele que se satisfaz na relação com a criança, para que esta última fique condenada à alienação máxima que consiste em realizar a fantasia da mãe, e, por menos que lhe seja indicado que ela a preenche, a criança ficará totalmente aprisionada em seu ser de objeto, como propriedade da mãe.

Não é a falta de amor, mas o seu excesso, que pode ser prejudicial aqui e que clama por um efeito de separação necessário. Foi por isso que Lacan enfatizou o desejo da mãe. Este deve ser entendido como o desejo da mulher na mãe, desejo apto a limitar a paixão materna, para torná-la não-toda mãe, ou, em outras palavras, não-toda para seu filho e até mesmo não-toda para a série de filhos, os rivais fraternos. Isso é o que já estava implícito na escrita da metáfora paterna, pois a operação que coloca o significante do pai no lugar do significante da mãe tem por resultado especificar a falta materna como falta fálica e instituir o pai como parceiro fora da série. Uma mãe não é toda para seu filho porque sua aspiração fálica divide-se entre o homem e a criança, e é bom que seja assim, pois é o desejo da mulher, mais geralmente um desejo outro, mantido fora das gratificações da maternidade, que introduz a criança, por meio da angústia de castração, numa dialética de identificações contraditórias pela qual ela poderá abandonar a posição passiva de objeto da mãe e, ao final, assumir seu próprio sexo.

Chego, por fim, à incidência da tese final de Lacan, desenvolvida em *O Aturdito* e no seminário *Mais, ainda*, e que afirma que a mulher é não-toda inscrita na função fálica, o que significa que uma parte de gozo outro, não decifrável, lhe é reservado. Esse gozo Outro, do qual, de certa forma, nada se pode dizer, e que não traz consigo nenhum dos objetos que a recuperação fálica instaura, Lacan, em seu seminário *Mais, ainda*, reconhece o seu paradigma no gozo místico. Mas, em seu texto de 1958 sobre a sexualidade feminina, onde ele já o situa, Lacan não o exclui da relação com a criança, observando explicitamente que conviria "indagar se a mediação fálica drena tudo o que pode se manifestar de pulsional na mulher, notadamente toda a corrente do instinto materno"

(Lacan, 1998b, p. 739). Sem dúvida, não é por acaso que, por uma vez, Lacan utiliza o termo "instinto", termo que ele rejeita em todos os outros lugares, a ele preferindo o termo "pulsão", mais desvinculado de qualquer conotação de naturalidade, para traduzir o "*Trieb*" de Freud. Qual pode ser a repercussão, na criança, do que eventualmente se realiza para uma mulher à margem de qualquer inscrição fálica?

O desejo propriamente feminino torna a mãe ausente para seu filho, como eu disse, mas, para o filho, a diferença será grande, conforme essa ausência se decifre na ordem fálica ou, ao contrário, ultrapasse-a obscuramente. Pelo fato de o falicismo falar e se veicular em signos, ele instaura entre os objetos uma ordem na qual a criança encontra um modo de se situar, nem que seja a título de menos-valia. Ao contrário, o não-todo se cala, por definição, e com um silêncio absoluto, que frequenta as margens de tudo o que se ordena na série fálica. Num dos polos da nocividade materna, evoquei a mãe totalmente ocupada com a criança. No polo oposto, conviria situar a mãe nada ocupada com a criança, e confrontar a criança refém da primeira com a criança abandonada da segunda, sem recursos diante do poder de um silêncio insondável, que equivale a um ponto de foraclusão. Isso não implica, em absoluto, o abandono pela mãe, ou talvez devêssemos falar de um abandono subjetivo, na ausência do único significante que equivale ao significante do gozo, ou seja, o falo.

Assim, a variedade das figuras maternas abre-se em leque entre dois extremos: o da mãe que é mãe em demasia, e cujas presas se fecham sobre o filho, e o da mãe que é mulher em demasia, ocupada alhures, às vezes a ponto de ser tão Outra que é impossível alguém se reconhecer nela. Caberia ainda introduzir aqui muitas nuances. "Para apegar-se demais a um filho", dizia Lacan, existem muitas maneiras. Com efeito, conforme se trate mais de seu corpo ou mais de seu ser de sujeito, e conforme se trate de um menino ou uma menina, isso mudará muita coisa.

Sabemos, por exemplo, do espanto de Freud ao descobrir, com o tempo, a estranha consistência do vínculo que une a filha à mãe. Lacan o confirmou ao assinalar, nos anos 1970, que, no tocante à experiência analítica, realmente parece que a filha espera mais "subsistência" da mãe que do pai, ainda que a mãe seja, para ela, o que Lacan chama de uma "devastação". Percebe-se que esse termo, por conotar um arrasamento de todos os referenciais, vai muito além das discórdias rivalizantes que são próprias do registro fálico, e que, em estreita consonância com a ideia da mulher barrada como Outro absoluto, não está longe de elevar a mãe à categoria do impensável.

A filha, no entanto, não é a única a arcar, vez por outra, com o custo do extremismo materno. O escritor francês Romain Gary atesta isso em seu relato autobiográfico *La promesse de l'aube* [A promessa da aurora]. Filho único e sem pai, ele carregava as esperanças ilimitadas de uma mãe a quem nada era capaz de deter. Prometido a vários destinos excepcionais, não foi o violinista genial com que ela sonhava, tampouco o tenista superdotado para quem ela conseguiu, com base num blefe, uma partida na Côte d'Azur com o rei da Suécia, que acabou se dignando a sorrir de seu adversário medíocre; no entanto, independentemente de seus desempenhos decepcionantes, o filho podia contar com uma mãe indefectível. Quando veio a guerra, como aviador em missão no campo dos Aliados, ele continuou a receber as cartas sempre amorosas de uma mãe que, no entanto, nunca mais tornaria a ver, porque já estava morta! Seu amor havia antecipado esse alucinante diálogo póstumo: ela confiara a um diplomata essas cartas de além-túmulo, que deveriam dar apoio a seu filho nessa provação! O que equivale a dizer a que ponto as cartas de tal mãe deviam sacrificar pouco à atualidade, mesmo num momento em que esta regia inúmeros destinos. E, ao pensar no fim trágico de Romain Gary, não posso me impedir de supor que, mais que outros, ele foi realmente embalado, na aurora, segundo a bela expressão que Lacan aplicou justamente à mãe, pelas "falsas promessas de seu verdadeiro desespero".

Em todo caso, é por sua fala que a mãe deixa sua marca. Lacan lembrava, em seu seminário *Mais, ainda*, que a mulher enquanto mãe faz o homenzinho falar, e que, uma vez que lhe compete transmitir "lalíngua", ela "tem efeitos de inconsciente" (Lacan, 2008, p. 106). Nessa transmissão, não se trata de um exercício cognitivo, pois "lalíngua" não é apenas, para cada um, o idioma de sua região, mas, antes, a língua privada do par originário formado pela mãe e seu pequeno "prematuro", a língua do Eros do primeiro corpo a corpo, cujas palavras deixam marcas pelo gozo que encerram.

Mas a mãe não deixa de ser mediadora de um discurso em que não pode deixar de introduzir seus hábitos. E é aí que podemos diagnosticar a ascensão de sua dominação, no despedaçamento dos laços sociais contemporâneos. Pois, quanto mais as transmissões intergeracionais se reduzem unicamente às prescrições implícitas de seu desejo, muito especialmente do que ela deseja para a criança, mais esta vê suas opções subjetivas em relação ao desejo do Outro reduzirem-se ao binário de uma alternativa: ou assumir o mandato materno, fazendo daquilo a que foi prometido no desejo dela uma vocação, ou rejeitá-lo e se inscrever sob uma marca de exclusão, só afirmando o que lhe resta de liberdade, portanto, sob a forma do negativo. Essa regência crescente do "ser nomeado para" pela mãe, como transmissora do social, Lacan a havia prognosticado cerca de vinte anos atrás. O curso dos acontecimentos não parece tê-lo desmentido, longe disso.

Referências

LACAN, J. De uma questão preliminar a todo tratamento possível da psicose. In: *Escritos*. Rio de Janeiro: Zahar, 1998a.

LACAN, J. Diretrizes para um Congresso sobre a sexualidade feminina. In: *Escritos*. Rio de Janeiro: Zahar, 1998b.

LACAN, J. Do Trieb de Freud e do desejo do psicanalista. In: *Escritos*. Rio de Janeiro: Zahar, 1998c.

LACAN, J. Juventude de Gide. In: *Escritos*. Rio de Janeiro: Zahar, 1998d.

LACAN, J. Nota sobre a criança. In: *Outros escritos*. Rio de Janeiro: Zahar, 2003.

LACAN, J. *O Seminário, livro 20: Mais, ainda*. Rio de Janeiro: Zahar, 2008.

LACAN, J. Observação sobre o relatório de Daniel Lagache. In: *Escritos*. Rio de Janeiro: Zahar, 1998e.

LACAN, J. Para um Congresso sobre a sexualidade feminina. In: *Escritos*. Rio de Janeiro: Zahar, 1998f.

LACAN, J. Subversão do sujeito e dialética do desejo. In: *Escritos*. Rio de Janeiro: Zahar, 1998g.

SOLER, C. Le pastoute. In: *La cause freudienne*, n. 21, maio 1992.

PARENTALIDADE E MAL-ESTAR CONTEMPORÂNEO

O corpo da mulher e os imperativos da maternidade

Maria Helena Fernandes

Já foram amplamente enfatizados os problemas que decorrem do fato de Freud ter insistido em compreender a feminilidade a partir da masculinidade, construindo uma imagem das mulheres caracterizada pela passividade, pelo masoquismo e pela inveja do pênis. Freud ([1933] 1984, p. 155) sugeriu para as mulheres três vias possíveis de abordagem da castração: a inibição sexual, a masculinização e a feminilidade, no entanto ele salienta apenas uma única possibilidade, de fato, de acesso a essa feminilidade, que seria a maternidade. Se, de um lado, hoje nos parece absurdo pensar que uma mulher que escolhe não ter filhos, ou que não pôde tê-los, tenha fracassado no seu caminho em direção à feminilidade, de outro constatamos que o lugar da maternidade na vida das mulheres também sofreu profundas modificações.

Joel Birman (1997, p. 20) comenta que, ao designar como única saída para a feminilidade a maternidade, "Freud manteve o estatuto das mulheres estabelecido no século XVIII, e segundo o qual elas seriam mães por natureza, sendo então a maternidade um traço de sua essência. Não obstante acrescentou que as mulheres deveriam ser mães por vocação libidinal, e por consequência, deveriam funcionar no espaço familiar e não no público". Ao restringir a sexualidade ao casamento, a sociedade da época de Freud organizava-se para manter a mulher no espaço privado, longe da "tentação" do espaço público, fonte de saber e de autonomia.

Não devemos esquecer que as produções teóricas do pai da psicanálise foram construídas a partir de um imaginário social dominante naquela época, e, mais ainda, que sua teoria, como qualquer outra, será sempre tributária das marcas do seu tempo. Sendo assim, não se deve perder de vista, como insiste Silvia Alonso (2011), que é próprio das teorias certa tendência a essencializar os mitos, absolutizar as crenças, universalizar e atemporalizar o que, via de regra, é próprio de um determinado momento histórico.

Desde o início do século XX, e particularmente a partir da década de 1950, as transformações no modo de vida das mulheres foram se processando de maneira mais acelerada. A entrada no mercado de trabalho e o acesso à formação universitária e às novas formas de erotismo organizaram a luta feminina em defesa dos seus direitos. A pílula anticoncepcional e as mudanças nos contratos matrimoniais foram, aos poucos, igualmente organizando a saída da mulher do âmbito doméstico, e do exclusivo cuidado dos filhos, para o espaço público, antes reservado ao mundo masculino. Tudo isso produziu mudanças no modo de relação das mulheres com a maternidade. Se durante os séculos XIX e XX se constrói a valorização extrema da maternidade, o século XXI torna evidente que nem as mulheres que desejam ter filhos são mães por vocação libidinal – a maternidade é algo que vai se construindo –, nem todas as mulheres desejam ser mães.

Não irei me deter aqui em uma crítica da abordagem freudiana do feminino, pois isso já foi amplamente realizado. A literatura psicanalítica que envolve as questões relativas à mulher, ao feminino, à sexualidade feminina e à feminilidade é vastíssima, com um significativo aumento nos últimos anos que antecederam o final do século XX. Trata-se de uma literatura plural, na qual encontramos, além da produção masculina, uma vasta gama de autoras, mulheres psicanalistas que, na escuta de si mesmas e de suas analisandas, produzem questionamentos teóricos significativos para o manejo clínico das queixas femininas.[1]

---

[1] O Departamento de Psicanálise do Instituto Sedes Sapientiae mantém, desde 1997, sob a coordenação de Silvia Alonso, um Grupo de Trabalho e Pesquisa sobre o feminino e o imaginário cultural contemporâneo, que já publicou três coletâneas

A fecundidade dessa produção atesta o compromisso dos psicanalistas com a premissa de que, se a psicanálise também nasceu para dar voz ao emergente, como diz Maria Rita Kehl (1998, p. 329), "para a escuta do emergente, do que ainda não foi dito e procura uma formulação", torna-se sempre fundamental apurarmos os ouvidos para escutar nossos analisandos, homens e mulheres, sem a surdez da pretensão de encaixá-los, apressadamente, nas formulações teóricas conhecidas.

Tal compromisso requer uma *escuta flutuante,* que não busque confirmar reiteradamente as teorias às quais aderimos, mais ou menos apaixonadamente, mas apenas escutar o que emerge de novo na disparidade das formas e dos movimentos do sujeito, imerso simultaneamente no seu universo simbólico e pulsional. A meu ver, o mal-estar atual ilustra de forma exemplar que as formas de expressão do sofrimento têm, na diversidade e plasticidade da experiência da mulher com seu corpo, uma imagem privilegiada dos seus contornos contemporâneos. A vivência da maternidade certamente ocupa aí um lugar de destaque.

A mudança dos tempos traz sempre consigo a transformação dos ideais, com o abandono de interesses antigos e a descoberta de novos interesses e necessidades. No entanto, para as mulheres, a mudança dos tempos trouxe também uma *ampliação* dos ideais. Ou seja, no que diz respeito à sua inserção na cultura, as mulheres confrontam-se hoje não apenas com as transformações dos ideais, mas também com um verdadeiro acúmulo deles. Presas à necessidade de corresponderem ainda aos ideais do espaço doméstico, reinado de suas mães e avós, as mulheres se veem hoje tendo de corresponder também àqueles próprios do espaço público, antes reinado exclusivo dos homens, tendo diante de si um espectro amplo de ideais a buscar alcançar.

---

de textos cuja diversidade e riqueza são um dos testemunhos da qualidade dessa produção. Ver ALONSO, S. L.; GURFINKEL, A. C.; BREYTON, D. M. (Org.). *Figuras clínicas do feminino no mal-estar contemporâneo.* São Paulo: Escuta, 2002; ALONSO, S. L.; BREYTON, D. M.; H. M. F. M. Albuquerque (Org.). *Interlocuções sobre o feminino na clínica, na teoria, na cultura.* São Paulo: Escuta, 2008; e ALONSO, S. L.; BREYTON, D. M.; ALBUQUERQUE, H. M. F. M.; CARTOCCI, L. *Corpos, sexualidades, diversidade.* São Paulo: Escuta, 2016.

Divididas entre as atribuições do espaço público e do privado, as mulheres vão tentando lidar com o excesso que caracteriza as demandas do seu cotidiano. Resulta daí um verdadeiro acúmulo. Se a necessidade de perseguir ideais constrói a trajetória cultural do ser humano ao longo do tempo, a trajetória das mulheres nos permite constatar que ao ideal de beleza veio juntar-se também o ideal de sucesso, tão caro a nossa cultura contemporânea (Fernandes, 2006a).

Ainda que os padrões estéticos tenham se modificado consideravelmente com o tempo, a luta para atingir o ideal de beleza vigente é algo que marca a relação da mulher com seu corpo em todas as épocas e culturas. Michel de Montaigne ([1580] 1969), em seus ensaios, escritos em 1580, chama a atenção para o fato de as mulheres desprezarem a dor em função da vaidade. É assim que, ao longo dos tempos, as mulheres escravizam seus corpos em nome do ideal de beleza ao qual aspiram em cada época.

Houve o tempo em que esfolavam a pele para adquirir a tez mais fresca, ou buscavam propositalmente estragar o estômago para conseguir a palidez valorizada na ocasião, ou, ainda, apertavam o ventre em duros espartilhos para exibir um corpo delgado. Qualquer semelhança com a submissão das mulheres atuais aos tratamentos estéticos e cirúrgicos, muitas vezes bastante dolorosos, ou a especial dedicação às dietas alimentares para emagrecer, muitas vezes radicais e perigosas para a saúde, não é uma mera coincidência.

Essa preocupação com a magreza, mas sobretudo com a aparência corporal, revela-se hoje, muitas vezes, uma espécie de tirania; imperfeições e defeitos, às vezes mínimos, são experimentados como catástrofes, mostrando que o que se encontra ameaçado é o sentimento de identidade e de integridade corporal, escondendo às vezes uma verdadeira angústia de despersonalização. O controle exercido sobre o corpo parece indicar que ele é vivido permanentemente como lugar de risco e precisa estar submetido ao discurso higienizador da medicina e às regras de bem-estar apregoadas, insistentemente, pela mídia (Fernandes, 2009).

Assim, em busca de corresponder a essa amplitude dos ideais próprios de sua época, a mulher precisa também *ter* o corpo ideal. Além de mãe dedicada, compreensiva e bem-humorada, a mulher da atualidade precisa conservar-se sempre jovem. Amante ardente e bem disposta, apresenta uma tal diversidade de interesses que consegue perseguir, com igual obstinação, os exercícios físicos necessários à manutenção do corpo ideal, assim como seus interesses culturais nos destinos da humanidade. Realizada e bem-sucedida profissionalmente, além de magra, bonita e bem-cuidada, a mulher atual é também economicamente independente. Escrava da amplitude e diversidade dos ideais, dos quais precisa ao menos conseguir se aproximar, a mulher da atualidade, vitimada pelo excesso e pelo cansaço diante de tantas atribuições, vive culpada frente à constatação da impossibilidade de ser tudo isso que se exige dela (Fernandes, 2008).

Nesse cenário, não é à toa, então, que a vivência da maternidade, mesmo quando é algo almejado, possa ser postergada até não ser mais possível ou possa vir acompanhada de angústias e medos. Um medo que muitas mulheres descrevem como "o medo de não dar conta". Muitas vezes marcadas pela vivência do cansaço e da solidão, as dificuldades das jovens mães não são pequenas. A maternidade vem hoje envolta em imperativos que frequentemente sufocam os jovens casais. Assoberbados por uma série de exigências e de regras a seguir para serem bons pais, a parentalidade torna-se uma tarefa demasiado exaustiva e idealizada. No entanto, não podemos esquecer que nem sempre foi assim. Voltaremos a esse ponto mais adiante.

Uma porta-voz do seu tempo

Luísa é uma bela mulher de 32 anos, olhos vivos e inquietos. Na nossa primeira entrevista, após me cumprimentar, comenta sobre a harmonia das cores e os livros da sala de espera, contando que é arquiteta. Diz que foi encaminhada pelo psiquiatra e que já se encontra medicada por causa de uma intensa crise de pânico. Após a medicação, os sintomas desapareceram, mas permanece o medo de "sentir tudo aquilo de novo", por isso o psiquiatra insiste na importância de uma psicoterapia. Luísa, entretanto, não parece muito convencida – "não entendo no que a terapia poderia me ajudar, o pânico já passou! Só fico agora com medo de adoecer, ter diarreia, vomitar, no mais está tudo bem com a minha vida".

Tento conhecer as circunstâncias nas quais a crise de pânico ocorreu, ela me conta que aconteceu em um final de semana em que foi com o marido para uma pousadinha romântica, estavam precisando descansar do trabalho intenso dos últimos meses e dar prioridade para ficarem um pouco sozinhos. Casada há uns três anos, Luísa descreve uma vida prazerosa e intensa, cheia de amigos, festas, viagens e um envolvimento grande e satisfatório com seu trabalho profissional. Quase como se me interrogasse com os olhos, acrescenta: "Está vendo? Está tudo bem comigo!". Ao que eu acrescento: "Você nem sabe o que é que está fazendo aqui, não é?". Luísa responde: "É isso mesmo!" Assim termina nosso primeiro encontro, pergunto apenas se ela gostaria de voltar. Marcamos para a semana seguinte.

Nossas sessões ocorreram semanalmente durante quatro anos. Fui aos poucos conhecendo melhor o dia a dia de Luísa, aproximando-me, assim, do que estaria ela vivendo no tempo anterior à crise de pânico. Luísa vai construindo uma narrativa sobre sua vida nos últimos tempos: o namoro, o trabalho, os questionamentos, o casamento, com seu cortejo de infindáveis preparativos, etc. Sua fala é viva e descontraída, no entanto, uma tensão aparece quando nos aproximamos do final de semana na "pousadinha romântica": "Era pra ser tudo ótimo e tudo deu errado!" – pergunto: "O que deu errado?". "O pânico, ora!". Insisto: "Você teve pânico de quê?". "Eu não tive pânico de nada, eu só tive o pânico, assim, do nada! Do que é que eu iria ter pânico se eu estava com o meu marido numa pousadinha, descansando no final de semana?". Um elemento a mais surge no relato: "Ainda mais naquele fim de semana em que decidimos que iríamos engravidar, que havia chegado o momento de ter filhos, sempre quis ter filhos!".

Evito me adiantar a estabelecer qualquer relação entre o pânico e a possibilidade de engravidar, pois Luísa estava, ainda, muito distante da possibilidade de olhar para essa associação. Afinal, ela insiste que queria muito ser mãe, já tinha até o nome para o bebê escolhido desde que era adolescente. É sempre difícil lidar com a ambivalência, ainda mais quando o desejo vem tingido com as cores da idealização. Luísa fala livremente desse projeto de ter filhos e o assunto toma o centro da cena, até porque ela começa a se inquietar de ainda não ter engravidado:

"Achava que seria fácil engravidar! Será que eu tenho algum problema?". É nessa fase que Luísa consegue formular que ao mesmo tempo que quer muito ficar grávida, também tem muito medo de engravidar. "Medo de quê?", pergunto. Luísa levanta-se do divã e olha para mim: "Você tem filhos? Não é muito esquisito ter alguém dentro de si que se mexe? Acho muito esquisito, me dá agonia pensar nisso! Dá mais agonia ainda pensar no parto".

Embora a cena da gravidez e do parto seja hoje muito diferente de outrora, encontramos em 1893 uma colocação de Freud em que ele enfatiza a potencialidade traumática do parto na vida de uma mulher: "Um primeiro parto, afinal, é o maior choque ao qual está sujeito o organismo feminino e, em consequência dele, uma mulher geralmente produz alguns sintomas neuróticos, que podiam estar latentes em sua disposição" (Freud, [1893] 1969, p. 179). Ora, a potencialidade traumática do primeiro parto e também, poderíamos acrescentar, da primeira gravidez parece residir justamente no fato de que esses acontecimentos acometem diretamente o corpo da mulher, promovendo transformações físicas espetaculares e imprevisíveis.

A primeira gravidez e o primeiro parto poderiam, então, ter uma potencialidade traumática ao conterem, simultaneamente, a dimensão do excesso e o elemento surpresa, que, segundo Freud, são dois elementos constitutivos do trauma. Dito de outro modo, com a primeira gravidez a mulher se defronta com essa imprevisibilidade, esse absoluto desconhecimento frente às sensações físicas que irão se processar no seu corpo. Tais sensações são acompanhadas de transformações concretas que, ocorrendo no interior do corpo, são visíveis também no seu exterior. A continuidade dessas transformações, ao longo dos nove meses de gestação, culmina na experiência do primeiro parto. Tal experiência talvez seja um momento radical do ponto de vista corporal, pela intensidade das transformações que a mulher experimenta no interior de si mesma e, ainda, pela vivência da dor.

Após o parto, o encontro entre uma mãe e um bebê se dá em um jogo de espelhos. De um lado, o olhar da mãe permite ao bebê ver-se refletido em seus olhos, de outro, é ela que, ao lhe atribuir algo seu, vê-se nele, podendo assim reconhecê-lo na filiação como sendo o seu bebê, dela e do pai que ela escolheu para ele. No entanto, é necessário também que o espelho se quebre, dando lugar à estranheza e à possibilidade de a mãe ver o bebê como um outro, separado e diferente dela. Isso depende da possibilidade da mãe de suportar o fato de que o bebê sonhado não coincide com o bebe real. Temos aí todo o delicado trabalho psíquico que tem início na gravidez e, a seguir, no pós-parto, com a amamentação e os primeiros cuidados com o bebê e com o próprio corpo.

É após o parto que a mulher se depara com o fato de seu corpo ter agora a nova função de alimentar outro ser. A função alimentar, exercida através do corpo materno, provavelmente encontra-se no cruzamento de questões que engajam diretamente o corpo e a feminilidade, em uma problemática exclusiva da mulher. A amamentação é uma experiência intensa, nem sempre vivida de forma tranquila. Salientei em trabalhos anteriores que talvez essa especificidade do corpo feminino, como aquele que também alimenta, possa desempenhar um papel na predominância dos distúrbios da alimentação entre as mulheres, já que, para a mulher, a transformação de seu corpo na puberdade atesta sua condição de poder engravidar e, consequentemente, amamentar, refletindo assim sua semelhança com o corpo materno (Fernandes, 2006b; 2012; 2013). A gravidez, o parto e o puerpério são momentos fundamentais nesse reencontro da mulher com a história vivida com sua própria mãe.

Voltemos a Luísa. Ela e seu marido procuram ajuda médica, querem saber o motivo de não conseguirem engravidar, vem o momento dos exames, resultados, consultas com especialistas. Paralelamente, Luísa começa a falar cada vez mais de seus medos, de suas fantasias de transformação do interior de seu corpo por um bebê devorador, que come a mãe por dentro sem que ela o saiba, ou por um bebê sugador, que discretamente suga tudo que a mãe consegue pôr dentro de si. Tais fantasias ganham cada vez mais espaço na cena analítica, e Luísa mergulha dentro de si, em busca de seus medos, aqueles inconfessáveis, aqueles que não pode partilhar com nenhuma de suas amigas! – diz ela. O medo silenciado de tantas mulheres que, diante da idealização da maternidade na cultura contemporânea, não pode ser partilhado. Medo excluído da trama da linguagem que não pode acolher o desejo das mulheres de serem mães tanto quanto sua ambivalência e seu negativo, o desejo de não serem mães.

Luísa engravida. Emocionada me conta a novidade: "Temos uma longa estrada pela frente", adverte ela. As sessões são totalmente ocupadas pelo assunto da gravidez, as idas ao obstetra, os exames de pré-natal, as ultrassonografias. Emerge aí um corpo sob controle, podendo ser visto em seu interior. Um cortejo de fantasias ligadas ao que deve estar acontecendo dentro, mas também fora de si, continua a ter lugar. Um corpo em transformação, os seios incharam, sente náuseas, sono, azia. Definitivamente, as transformações hormonais são tantas na gravidez que não podemos deixar de admitir que se trata de algo da ordem do excesso, nesse sentido, pode ser vivido como algo da ordem do traumático. Um corpo invadido, como diz Luísa, "um corpo estranho dentro de si". É apenas nesse momento que voltamos à crise que levou Luísa à análise e todas as associações entre essas fantasias e o pânico.

Ela me conta que a crise de pânico ocorreu na noite de sábado para domingo, após ter tido um pouco de náusea e diarreia, provavelmente por causa de algo que deve ter comido no jantar. Diz que sentiu muito medo de vomitar e lembra-se de ter ficado muito assustada com a diarreia e de ter sentido que tudo se mexia dentro da sua barriga. Estabelece aí uma relação entre o que estava experimentando no real do seu corpo e o que imagina que poderia sentir se estivesse grávida. Diante dessa relação, "fugaz como um raio", foi tomada de pânico, tremedeira, suor frio, medo, muito medo. A intensidade do que Luísa viveu nesse momento tem a força de escapar à articulação discursiva, produzindo assim uma ruptura associativa.[2]

A gravidez anuncia a possibilidade de um "corpo estranho" dentro de si, um "*alien*". Se a formulação de um corpo estranho dentro de si evoca aqui o desconhecido, o estrangeiro, aquele que pode ser perigoso, um *alien* evoca a significação de um invasor. Tendo também encontrado essa formulação na fala de uma de suas pacientes, Maria de Fátima Vicente (2002, p. 294) comenta: "Sobreposto ao estranho, encontramos também o *alien* ao qual o cinema impôs a significação de

2 Para uma compreensão metapsicológica do pânico, remeto o leitor ao texto de Ana Maria Sigal "Francis Bacon e o pânico: um estudo sobre o recalcamento primário", em *Escritos metapsicológicos e clínicos*. São Paulo: Casa do Psicólogo, 2009.

invasor. Aquele que é de outra espécie. Face à proximidade antecipada pela imaginação, a gravidez fará surgir o corpo invadido por uma outra espécie, outra espécie de significação que faz conflito à mulher contemporânea". A representação do corpo grávido solicita da mulher todo o processo de sexuação, para que possa se haver com a incompletude e as representações idealizadas ligadas à maternidade.

De fato, é de extrema importância que essas fantasias tenham podido ganhar a linguagem, sendo partilhadas no interior do processo analítico, evidenciando a partir daí a possibilidade de virem à tona os conflitos e as questões diante da maternidade, expressos através dos medos de Luísa no que diz respeito às mudanças internas e externas que rapidamente estavam acontecendo no seu corpo: "Será que depois vou conseguir emagrecer e voltar a ter o corpo de antes? Será que minha pele não irá ficar flácida e cheia de estrias? E o bico do meu peito, vai voltar a ter aquela cor que tinha antes?". Mas os medos de uma mulher grávida não se limitam ao que está acontecendo no seu corpo, referem-se também ao seu lugar junto ao parceiro, ao desejo dele pelo seu corpo: "Será que o meu marido vai continuar a me achar atraente?". Assim como se referem ao seu lugar social: "E o escritório? Lutei muito para ter o meu próprio escritório de arquitetura, vou conseguir bancar meu projeto? Gosto muito do que faço, terei tempo para continuar fazendo o que faço com a qualidade como faço hoje? Será que vou acabar virando uma arquiteta medíocre?".

Ao longo da gestação a mulher percorre um complexo caminho que implica o seu desejo, a experiência de seu corpo e o lugar social atribuído à maternidade. A pertinência de todas essas interrogações de Luísa, facilmente presentes na maior parte das mulheres, ao menos da classe média, aponta para a participação e o lugar do corpo da mulher na experiência da gravidez, mas também, de forma mais ampla, para as formas de apresentação do mal-estar das mulheres na atualidade, reféns tanto das exigências estéticas quanto das exigências de produção no cenário neoliberal. A gravidez, o parto e o puerpério são momentos cruciais na vida de uma mulher pela radicalidade de tudo que é experimentado. Não é à toa que, muitas vezes, torna-se difícil para as jovens mães desfrutarem do contato com seus bebês com humor e prazer, assim como conseguirem continuar a desfrutar da sua vida sexual. Luísa é aqui a porta-voz das mulheres da sua época.

Sobre os imperativos da maternidade

A extrema valorização da maternidade em nossa cultura parece de tal forma óbvia que se torna necessário relembrar que é algo relativamente recente. A historiadora francesa Elisabeth Badinter (1985) mostra, no seu livro clássico *Um amor conquistado*, que o amor materno é uma construção de meados do século XVIII e que nos séculos anteriores havia uma desvalorização das atribuições da maternidade. Amamentar era visto como um empecilho para usufruir dos prazeres da vida social e considerado como pouco digno. As mulheres que a exerciam tinham de fazê-lo no interior de suas casas. As mulheres da nobreza francesa e, a seguir, as burguesas contratavam amas de leite para residir junto com a família e para elas entregavam a amamentação e o cuidado de seus filhos, demonstrando por eles pouquíssimo interesse. As mulheres que não tinham a mesma condição, que eram a maioria, enviavam seus filhos para o campo para serem cuidados por amas de leite assoberbadas pelo cuidado a muitas crianças, algumas até portadoras de doenças graves. Badinter relata o escandaloso caso de 31 crianças cuidadas por uma mesma ama de leite, que ao longo de 14 meses vieram a falecer (p. 87).

Com a Revolução Francesa a maternidade adquire um reconhecimento e uma utilidade social, sendo algo específico do corpo das mulheres, só elas podem engravidar e parir, o que lhes outorga uma função impregnada de ideal. A partir daí, a mudança do lugar da maternidade se afirma no início do século XIX. Como enfatiza Maria Elisa Labaki (2008, p. 183): "A mulher já não é mais uma criança fútil, a criança já não é mais um empecilho para os prazeres da mãe e a mãe passou a ser a rainha do lar". De fato, o século XIX consolida a figura idealizada da mãe, esposa e educadora, despida de erotismo e de agressividade e, sobretudo, confinada ao espaço privado do interior das casas e distante do espaço público, lugar da produção e da política. Nessa época, o biopoder, tal como descrito por Foucault (1988), mostra-se particularmente notório no domínio do saber sobre a procriação, em que a ingerência e o controle sobre o corpo da mulher vai se tornar uma questão central.

Em nossos dias, a idealização da maternidade continua de tal forma impregnada em nossa cultura que as mulheres que não desejam ser mães são com frequência vistas como pouco afetivas ou portadoras de algum problema psíquico. Na clínica psicanalítica os relatos dessas mulheres fornecem um testemunho vivo dos preconceitos que enfrentam e do olhar de desconfiança que a elas se dirige, como se a maternidade precisasse permanecer um imperativo do feminino no século XXI.

Apesar dessa idealização, o exercício da maternidade não tem sido uma tarefa fácil para as mulheres da atualidade. A experiência de cuidar ou de ajudar a cuidar de um bebê, de um irmão mais novo, do bebê de uma irmã, de uma prima, já não são mais experiências usuais para uma jovem de classe média na atualidade, sobretudo nos grandes centros urbanos. É comum as mulheres viverem com o primeiro filho também o primeiro contato direto com um bebê. Ao abordar o mal-estar na maternidade, Vera Iaconelli (2015) salienta que fica evidente que o conhecimento da mulher sobre os cuidados com o bebê não está dado pela natureza, é antes fruto de uma aprendizagem conquistada através das experiências vividas ao longo do tempo. Essas experiências incluem o contato com sua própria mãe, o bebê que ela foi um dia, os momentos em que pôde conviver com bebês e aprender a como cuidar deles, e ainda a representação cultural que lhe foi transmitida sobre o que é uma mãe, permitindo assim a construção de uma identidade própria a partir de diferentes marcos identificatórios, sejam eles conscientes ou não.

Além disso, numa época em que ao ideal de beleza veio juntar-se também o ideal de sucesso, a vivência da maternidade às vezes aparece como um empecilho para atingir o sucesso profissional e conseguir, assim, corresponder às exigências do espaço público. Outros ideais concorrem hoje com a maternidade, como o ideal de sucesso profissional, o qual, muitas vezes, depende da mobilidade social. Não é sem razão que as jovens executivas expressam seus receios de ter filhos e, assim, restringir suas possibilidades de mudar de cidade ou país para assumir cargos de maior liderança. Outro ideal que concorre com a maternidade é o ideal de beleza, do corpo magro e rígido. Algumas mulheres expressam o receio de perder o corpo esculpido com tanta dedicação e trabalho nos anos anteriores à gravidez. Desse modo, o que parece ser valorizado socialmente são as mulheres que conseguem *acumular* ao mesmo tempo todos esses ideais: serem mães, profissionais competentes e autônomas, mantendo-se sempre jovens e magras. O que surge à primeira vista como uma diversidade de possibilidades, assegurando às mulheres a possibilidade de realizar diferentes escolhas, acaba por se revelar um imperativo de não perder nada, levando as mulheres a um cotidiano exaustivo, trazendo para o centro da cena a queixa mais frequente das mulheres: o cansaço.

Embora muito já se tenha caminhado, as mulheres têm sustentado, muitas vezes sozinhas, seu desejo individual de serem mães, sem poder, ainda em nossos dias, remetê-lo ao social, seja ao contar com a presença efetiva do pai nos cuidados com o bebê, seja no âmbito da proteção social para o exercício da maternidade. Os variados discursos da atualidade fazem circular os imperativos que parecem se impor às mulheres de modo praticamente impossível: aquela que deve retornar ao trabalho em *quatro* meses é a mesma que deve amamentar exclusivamente no seio até os *seis* meses, e que, obviamente, nesse espaço de tempo já deve ter perdido o peso acumulado na gestação.

Os extraordinários avanços da medicina desvendaram o enigma da reprodução, dando o tom do modo como se lida com o corpo feminino na atualidade. A ida ao hospital para parir, a insistência no parto cirúrgico, as episiotomias de rotina ou até as campanhas de aleitamento, muitas vezes coercitivas, apontam para uma patologização do corpo da mulher também regida pelas leis de mercado e pela ideia do parto-espetáculo, cenário onde a subjetividade parece enfraquecida.

Entre as idealizações e os imperativos da maternidade encontram-se as polêmicas sobre o melhor tipo de parto e o grau de importância atribuído à amamentação, polêmicas que não deixam de demonstrar a habilidade dos diversos discursos para incidir sobre os sujeitos, muitas vezes de forma autoritária. Tudo se passa como se cada discurso portasse uma verdade absoluta sobre o que é melhor para cada mulher, nesse sentido, a busca do parto ideal pode também se revelar como mais um bem de consumo a se adquirir, revelando assim que também aí não se escapa da lógica mercantilista vigente no cenário neoliberal.

Vera Iaconelli (2015, p. 110) insiste:

> Obviamente o que não está contemplado é que cada mulher possa falar em nome próprio e que o acesso às informações, beneficiadoras de sua escolha, lhe seja facilitada da forma menos tendenciosa possível. [...] Só o sujeito pode nomear de que lugar faz sua escolha e, para isso, ele precisa ser escutado. À medida que a cena do parto recuperasse seu caráter privativo, no qual o sujeito pudesse se haver com sua sexualidade, suas crenças, seu inconsciente e seu corpo, é que os recursos do sujeito poderiam comparecer.

Não resta dúvida de que a contribuição da psicanálise em tempos de biotecnologia permanece sendo o resgate da subjetividade, a escuta de cada mulher em sua singularidade, enquanto sujeito desejante, atravessado pela cultura. Ana Maria Sigal (2009), em seus artigos sobre a maternidade, também vai nessa direção, insistindo que o psicanalista trabalha com as marcas que o biológico e o social inscrevem no inconsciente.

Para concluir, não posso deixar de dizer que se o caso de Luísa evoca uma das formas de apresentação do mal-estar das mulheres na atualidade, ele carrega consigo também a limitação de se restringir à vivência da maternidade das mulheres de classe média. Na periferia a maternidade ocupa outro lugar, é vivida de outro modo, insere-se muitas vezes no coletivo e solicita estratégias de sobrevivência colocadas em cena pelas próprias mulheres. No mapa da desigualdade social, publicado em 5 de novembro de 2019, a gravidez na adolescência, por exemplo, é 53 vezes mais recorrente em um bairro pobre de São Paulo do que em um bairro de classe média e média alta.[3]

Nesse sentido, parece fundamental insistir que a clínica psicanalítica, que nos permite o acesso à complexidade das questões relativas ao corpo da mulher e aos imperativos da maternidade, sugere que nossa escuta

---

[3] Dados retirados da reportagem "Gravidez na adolescência de bairro pobre de SP é 53 vezes a de bairro rico", *Folha de S.Paulo*, 6 nov. 2019. Cotidiano.

não fique restrita aos determinantes intrapsíquicos (narcísicos, edípicos, identificatórios) nem aos familiares e transgeracionais, mas que possa se abrir também para acolher o modo com o discurso social imprime suas marcas em todo fenômeno que toca o corpo, particularmente na procriação. Somente assim poderemos dar voz ao sofrimento psíquico que emerge da diversidade e plasticidade da experiência da mulher com seu corpo.

Referências

ALONSO, S. L. Interrogando o feminino. *In*: *O tempo, a escuta, o feminino*. São Paulo: Casa do Psicólogo, 2011.

BADINTER, E. *Um amor conquistado: o mito do amor materno*. Rio de Janeiro: Nova Fronteira, 1985.

BIRMAN, J. Estilo de ser, maneira de padecer e de construir: a respeito da histeria, da feminilidade e do masoquismo. *Revista Percurso*, n. 18, p. 17-24, 1997.

FERNANDES, M. H. A mulher-elástico. *Viver: Mente & Cérebro*, n. 161, p. 28-33, 2006a. (Republicado na Edição Especial *As faces do feminino: dimensões psíquicas da mulher. Viver: Mente & Cérebro*, v. 18, n. 78-82, 2009.)

FERNANDES, M. H. As mulheres, o corpo e os ideais. *In*: VOLICH, R. M.; FERRAZ, F. C.; RANÑA, W. (Org.). *Psicossoma IV: corpo, história e pensamento*. São Paulo: Casa do Psicólogo, 2008. p. 207-220.

FERNANDES, M. H. La construction du corps dans l'anorexie des jeunes filles. *In*: BUTNARU, D.; LE BRETON, D. (Org.). *Corps abîmés*. Strasbourg: Presses de l'Université Laval, 2013. p. 31-40.

FERNANDES, M. H. Le corps fétiche: la clinique miroir de la culture. *In*: GASPARD, J-L.; DOUCET, C. (Org.). *Pratiques et usages du corps dans notre modernité*. Toulouse: Érès, 2009. p. 117-127.

FERNANDES, M. H. Mãe e filha... uma relação tão delicada... *In*: MARRACCINI, E. M.; FERNANDES, M. H.; CARDOSO, M. R.; RABELLO, S. (Org.). *Limites de eros*. São Paulo: Primavera, 2012. p. 87-119.

FERNANDES, M. H. *Transtornos alimentares: anorexia e bulimia*. São Paulo: Casa do Psicólogo, 2006b.

FOUCAULT, M. *Historia da sexualidade I: a vontade de saber*. Rio de Janeiro: Graal, 1988.

FREUD, S. La féminité [1933]. *In*: *Nouvelles conférences d'introduction à psychanalyse*. Paris: Gallimard, 1984. p. 150-181.

FREUD, S. Um caso de cura por hipnose [1893]. *In*: *Publicações pré-psicanalíticas e esboços inéditos (1886-1889)*. Rio de Janeiro: Imago, 1969. p. 171-185. (Edição Standard das Obras Psicológicas Completas de Sigmund Freud, 1).

IACONELLI, V. *Mal-estar na maternidade: do infanticídio à função materna*. São Paulo: Annablume, 2015.

KEHL, M. R. *Deslocamentos do feminino*. Rio de Janeiro: Imago, 1998.

LABAKI, M. E. P. Nos confins das origens, a mão da mãe. *In*: VOLICH, R. M.; FERRAZ, F. C.; RANÑA, W. (Org.). *Psicossoma IV: corpo, história, pensamento*. São Paulo: Casa do Psicólogo, 2008. p. 181-194.

MONTAIGNE, M. *Essais: Livre 1* [1580]. Paris: Garnier-Flammarion, 1969.

SIGAL, A. M. *Escritos metapsicológicos e clínicos*. São Paulo: Casa do Psicólogo, 2009.

VICENTE, M. F. Um corpo estranho: a fantasia de Rebeca. *In*: ALONSO, S.L.; GURFINKEL, A. C.; BREYTON, D. M. (Org.). *Figuras clínicas do feminino no mal-estar contemporâneo*. São Paulo: Escuta, 2002. p. 289-295.

INTERLOCUÇÕES

Da instrumentalização do ventre à biopolítica da maternidade

Aline Veras Brilhante

Vulvas, ventres, falos e processos de subjetivação

"É menina!"

"É menino!"

Seja ao nascimento, na sala de ultrassonografia ou durante os modernos "chás de revelação", essas frases descortinam o primeiro mecanismo de controle pela subjetivação. Sendo o corpo o *lócus* de atuação do biopoder, onde a docilidade é executada e a subjetividade é constituída (Foucault, 1988), é na diferença entre os genitais – e nos valores culturais a eles atribuídos – que se organiza o primeiro nível de um complexo sistema de segregação.

Posto que as desigualdades sistêmicas são multidimensionais e interseccionais (Brah; Phoenix, 2004), não pretendo partir de uma falsa similaridade, mas destacar que importantes diferenças hierárquicas são sustentadas sobre os significados diversos e mutáveis atribuídos às questões que convencionamos agrupar como gênero. As sociedades matriarcais, por exemplo, partiam de mitos fundantes centrados na fertilidade (Ruerther, 2005). Na sociedade ocidental, por outro lado, o falo assumiu a centralidade discursiva (Derrida, 1976).

O falogocentrismo[1] do Ocidente (Haraway, 2006) é de tal forma estruturante que cá estamos – em um capítulo sobre maternidade, falando sobre falo. Ocorre que os discursos sociais do Ocidente têm sido colonizados por mitos de origem falocêntricos, que foram centrais à significação discursiva de diferentes constructos, incluindo a maternidade. Esses discursos foram ressignificados na transição das monarquias teocêntricas para a sociedade iluminista, quando a razão foi em si racionalizada para perpetuar estruturas hierárquicas fundantes. O fortalecimento do capitalismo, por sua vez, torna o gênero uma questão central da política e da governabilidade, a partir da divisão sexual do trabalho e da construção de regras morais reguladas pelos mercados, construídas em simbiose com as estruturas falogocêntricas.

Nesse sentido, partindo de uma premissa heteronormativa, o falo é construído como um órgão sexual de poder, aquele que penetra. A vulva, por outro lado, nem sequer é nomeada. Frequentemente confundida com a vagina, é apenas o órgão que é penetrado. A voz passiva não é à toa. A passividade da representação do corpo feminino materializa-se em uma ausência: o apagamento do clitóris dos atlas de anatomia e do discurso científico durante décadas. A razão – e, posteriormente, a ciência – foi utilizada para manter a centralidade do falo (masculino, já que o feminino fora apagado) na estrutura social.

Embora essa afirmação possa chegar como uma ferida narcísica para alguns, não existe neutralidade na ciência. Não questiono a importância de evidências científicas produzidas com base em metodologias de pesquisas bem delineadas. Ao contrário, defendo a instituição ciência e seu papel social. A questão é que nenhum rigor metodológico (à parte de sua importância) assegura neutralidade. Perguntas de pesquisa não são neutras; no interesse de quem a pesquisa é empreendida não é uma questão neutra; quem é ou não entendido como sujeito de direitos não é um aspecto neutro; e tornamo-nos pesquisadores melhores quando entendemos isso.

---

[1] "Falogocentrismo" é um termo cunhado por Jacques Derrida a partir das palavras "falocentrismo" (doutrina centrada no falo e na convicção da superioridade do sexo masculino) e "logocentrismo" (centralidade do *logos* no pensamento ocidental) (DERRIDA, 1976).

À medida que a ciência descrevia os múltiplos fatores associados às características fenotípicas, estes foram enquadrados em uma lógica binária, cuja factualidade se estrutura no apagamento ou na patologização dos corpos intersexo. Sexo cromossômico, hormonal, gonadal, genital – todos tiveram seus significados construídos e unificados a fim de dividir as pessoas em quem é reconhecido por ter ou não o falo. Quando Judith Butler (2010, p. 25) nos fala que "talvez o construto chamado sexo seja tão culturalmente construído quanto o gênero", ela não nega a anatomia genital, mas evidencia a construção discursiva – cultural e historicamente situada – que produz os significados atribuídos às diferenças sexuais e as correlaciona com a categoria gênero, destacando que talvez essas construções sejam indistinguíveis.

Construiu-se, assim, a díade inteligível de forma hegemônica em nossa matriz social (Butler, 2010). Mas se o falo é o representante anatômico do masculino e a vulva se estrutura discursivamente no silenciamento, é na instrumentalização do útero que irá se construir um dos mais fortes mecanismos de subjetivação feminina.

A biopolítica regente das relações sociais – incluindo as de gênero – não se restringe a questões reprodutivas ou biológicas. Contudo, os saberes construídos sobre a maternidade construíram-se como verdades no interior de práticas discursivas, sendo adaptadas na historicidade pelas forças em disputa nos sistemas de poder (Zanelo; Fiuza; Costa, 2015). Os processos de subjetivação ocorrem, nesse contexto, não apenas como consequência direta do saber-poder, mas também como um dos componentes desses sistemas de variáveis que se desdobram umas das outras (Deleuze, 1996).

Uma breve genealogia do parto e do nascimento

As narrativas sobre a história do parto e do nascimento costumam iniciar na Idade Média, quando estes eram assuntos de mulheres. Permito-me, contudo, uma digressão.

Desde o Édito de Milão até meados do século XI, a Igreja Cristã era única. Densas questões culturais e políticas culminaram no Grande Cisma de 1054, com a separação entre a Igreja Católica Apostólica

Romana e a Igreja Católica Ortodoxa. Conquanto fossem múltiplos os fatores de tensão, uma divergência importante resultou da ocupação do Ocidente por outros povos – cuja narrativa histórica, sem qualquer ilusão de neutralidade, convencionou chamar de povos bárbaros (Cross, 2005). A assimilação cultural desses povos e a ressignificação de suas crenças foram cruciais ao processo de dominação em curso.

Embora uma história fidedigna das diferentes deusas da Antiguidade seja prejudicada pela escassez de fontes (grande parte do que não foi ressignificado foi destruído), as informações existentes descortinam ritos centrais, perpassados por símbolos, alguns dos quais permanecem até os nossos dias, como a lebre (ressignificada como coelho) e os ovos coloridos das festividades da Páscoa. Vale destacar um ponto recorrente entre deusas como Istar, Epona, Freya e tantas outras: a fertilidade era um símbolo de poder (Ruether, 2005). A capacidade gerativa – indissociável do prazer – era significada como poder de vida e morte. Tais deidades eram também deusas da guerra, com uma imagética diametralmente oposta à ideia cristã de feminilidade.

Na Antiguidade Cristã, não se acreditava em dois sexos distintos, vigorando a ideia de que homens e mulheres possuíam a mesma genitália. A falta, contudo, de calor vital na mulher resultaria na retenção das estruturas que no homem são visíveis externamente. Esse modelo de base aristotélica, chamado monismo sexual ou isomorfismo galênico, estabelecia a classificação hierárquica social pela metafísica. Para Aristóteles, a característica distinguível da masculinidade era imaterial, essencial e, para os filósofos da escolástica,[2] divina. Sendo as mulheres homens invertidos, elas eram defeituosas, enquanto o homem era a representação da perfeição metafísica. No processo de concepção, a mulher produziria o corpo inócuo, enquanto o homem, portador do calor vital, daria ao corpo inerte uma alma. A superioridade masculina associava-se à sua capacidade de transmitir vida (Laqueur, 1994).

---

[2] A escolástica é um método de pensamento doutrinário e uma corrente filosófica de natureza neoplatônica, com origem nas escolas monásticas cristãs, que se propunha a conciliar a fé cristã com a razão aristotélica e platônica.

As deusas da fertilidade – sua força, vigor, desejo e, sobretudo, seu poder sobre a criação – eram construções perigosas, que precisavam ser dissipadas. Não sendo simples apagar tradições seculares, contudo, foi preciso ressignificá-las. A assimilação de elementos da filosofia estoica pelo cristianismo culminou na condenação dos prazeres como pecado e no medo perene da punição divina. O corpo feminino, associado ao prazer, precisava ser punido, e o momento do parto, ressignificado como penitência. A mulher, além de imperfeita, tornava-se impura. O sangue menstrual e outras secreções foram simbolizados como sujos, e os homens deviam evitá-los. Foi essa crença que assegurou, durante alguns séculos, a primazia das mulheres na assistência ao parto, permitindo às parteiras uma relativa liberdade que foi minada na medida da ampliação do combate às heresias. Sendo o sofrimento do parto uma expiação necessária, o uso de ervas para alívio das dores torna-se proibido, passando a justificar acusações por bruxaria (Ehrenreich; English, 1973).

O sistema feudal e as monarquias absolutistas que o sucederam caíram. Inicia-se o período simbolizado nos ideais da Revolução Francesa: Liberdade, igualdade e fraternidade. Para quem? A força do mote revolucionário consistia, em grande medida, na falácia de sua universalidade. "Cortem as cabeças dos reis! Ascendamos o Homem (que homem?) ao centro do poder!" – emerge assim a estrutura arquetípica da sociedade disciplinar, regulada por um sistema moral, que determina as medidas e as proporções do cárcere onde a alegada "liberdade" tem sua existência permitida.

Diante do imperativo jurídico de igualdade, a natureza tornou-se o novo fundamento para a subordinação feminina. Cria-se a divisão em dois sexos distintos e complementares, cujas naturezas biológicas sobrepujariam quaisquer outras influências, incluindo as culturais. O binário, antes inexistente, torna-se incontestável, atualizando os mecanismos hierárquicos de gênero. As "naturezas" diferentes justificam a exclusividade masculina do contrato social e constroem as bases para a divisão sexual no trabalho, fundamental para o sistema capitalista em ascensão (Laqueur, 1994).

Abro um parêntese para lembrar que em todos os momentos houve resistência. Olympe de Gouges, Pauline Léon, Mary Wollstonecraft e tantas outras posicionaram-se contra a subordinação feminina repaginada pelos ideais iluministas. A escrita da história oficial, contudo, falogocêntrica que é (em sua ilusão de neutralidade), silenciou sobre elas, como tem feito com inúmeros outros corpos ao longo do tempo. Fecho parêntese.

À nova "natureza feminina" foi imposta a negação do prazer sexual. Desde a Antiguidade, o orgasmo era parte do processo de fecundação. A Igreja na Idade Média não negava a existência do prazer. Ela o punia. O parto era um momento de expiação para o pecado inevitável necessário à fecundação. Ressalte-se que – dada a organização social misógina – os mecanismos de controle sobre os homens eram sempre mais amenos, recaindo sobre o corpo supostamente imperfeito da mulher o peso do pecado.

Apartado o orgasmo da reprodução, a mulher, "anestesiada de seus prazeres carnais" (Laqueur, 1994, p. 21), é situada na passividade. Se, antes, a submissão feminina estruturava-se na condenação da impureza e da lascívia, em costelas e serpentes, ao final do século XVIII lhes é imposto o papel social de cuidadora abnegada e sem desejo, que inexistia até então (Badinter, 1985). Esse fictício senso nato de dedicação e sacrifício ganhou um verniz de cientificidade com o discurso médico do século XIX, que patologizou a sexualidade feminina (Zanello, 2018). Ao destituir a mulher do erotismo e restringir as faculdades femininas pelas potencialidades de cuidar, os novos discursos sobre maternidade foram cruciais no afastamento feminino da política e da vida pública, além da restrição de direitos sociais (Birman, 1999).

Sendo importante falar novamente de interseccionalidade, chamo a esta narrativa Anarcha, Betsy e Lucy, mulheres que construíram com seus corpos a história da ginecologia. Mulheres escravas, elas foram compradas por J. Marion Sims e utilizadas como cobaias para o desenvolvimento de técnicas cirúrgicas para o tratamento de incontinência urinária. Segundo os registros do próprio Sims, Anarcha foi operada mais de 30 vezes, sem o uso de anestesia, embora esta já fosse conhecida desde o século XVIII (Mcgregor, 1998). Se esses fatos são uma mácula na história da medicina, cabe destacar que Sims recebeu o título de pai da ginecologia, consagrado por uma estátua que permaneceu no Central Park, em Nova York, até 2018.

Voltando à assistência obstétrica, a biopolítica do século XIX atualizou os dispositivos de controle da maternidade pela ressignificação do processo de parto e nascimento. O parto, antes natural, mesmo que envolto por uma aura de medo, torna-se patológico. De pecadora, a mulher torna-se vítima de sua natureza frágil. O corpo da gestante torna-se um ambiente inóspito, cabendo ao obstetra antecipar os muitos perigos do "desfiladeiro transpelvino" (Magalhães, 1922). É nesse contexto sociopolítico que o parto deixa o domicílio para se situar nas maternidades: com mulheres internalizando o medo do parto e um estereótipo de fragilidade, obstetras construindo suas identidades profissionais sobre o mito do herói e toda uma miríade de corpos sendo docilizada e hierarquizada por um capitalismo industrial em franca expansão.

Chegamos, assim, ao século XX, quando a "rainha do lar", com "seu avental todo sujo de ovo", torna-se responsável pela educação dos futuros cidadãos e, por conseguinte, pela estrutura da própria nação. Diante do moralismo estatal, a submissão ganha um papel social nobre (Zanello, 2018). Vale destacar que a influência religiosa nunca arrefeceu, sendo apenas ressignificada. Discursos religiosos, racionalizados e morais ora se misturam, ora se alternam. Com sua subjetividade reduzida ao útero, não tarda que as mulheres tenham o restante de seu corpo apagado do imaginário popular sobre o nascimento, sendo substituído por uma cegonha. Embora esse processo não tenha ocorrido de forma homogênea entre as mulheres, sendo evidentes as interseccionalidades, em termos macro, a colonização dos afetos femininos culminou na implantação progressiva de um ideal de maternidade (Zanello, 2018).

Não é, portanto, a maternidade o problema. A possibilidade de gerar e parir – quando desejado – é algo poderoso! A questão são os discursos em torno da maternidade, o que remete ao conceito de dispositivo, segundo Foucault (1995), como um conjunto heterogêneo de práticas que se entrelaçam aos discursos nos processos de saber-poder-subjetivação. Nesse sentido, a maternidade é um dispositivo (Zanello, 2018).

Na nossa sociedade capitalista, os discursos sobre o trabalho o tornam outro dispositivo, que atua em sinergia com o dispositivo materno, construindo a falácia de que é a maternidade, e não a inexistência de redes de apoio e a restrição da função paterna, que dificulta o trabalho feminino. O foco na produtividade acentua conflitos que, se internalizados pelas mulheres, culminam em sofrimento, reforçando a divisão sexual do trabalho. Aquelas que rompem esse ciclo e sustentam níveis "masculinos" de produtividade são conduzidas a outra armadilha: não é retirada delas a missão de cuidar. Ao contrário, sendo lidas como "fortes", as obrigações apenas se acumulam.

Os modos de parir e os processos de subjetivação

Os discursos sobre a força e a fragilidade femininas são completamente paradoxais. Em um momento, a mulher é descrita como frágil, justificando sua submissão às múltiplas intervenções. Contudo, no momento de suportar as dores delas decorrentes, a mulher deve ser forte.

Vale ressaltar que tal demanda varia conforme a classe social e a cor feminina. Durante as décadas iniciais do século XX, muitas mulheres de classe alta pariram inconscientes, sob sedação total, no chamado "sono crepuscular", que mantinha a dor, mas apagava sua lembrança consciente (Wertz, 1993). O modo de parir tornou-se, assim, símbolo de diferença social. Esse modelo, entretanto, culminou em elevadas taxas de morbimortalidade, sendo abandonado após algumas décadas. O apagamento da dor como possiblidade, contudo, já havia se consolidado nos discursos sociais.

Na segunda metade do século XX, nos países industrializados, o modelo de linha de montagem fabril chega ao processo de parto e nascimento, naturalizando uma nova forma subjugação. As mulheres, agora, passam por diferentes estações, culminando em um parto em que, apesar de conscientes, elas seguem imobilizadas, deitadas, com as pernas abertas e levantadas, em um procedimento repleto de intervenções. O surgimento de formas mais seguras de anestesia traz à cena a cirurgia cesariana. Cabe aqui ressaltar que a cesárea é um avanço na medicina e, quando bem indicada, salva vidas. O que ocorreu, todavia, foi a utilização social da cesárea para consolidar a segregação classista, com maior força em países com grande desigualdade social.

As tecnologias biopolíticas que sustentam as altas taxas de cesáreas são as mesmas que balizaram o parto crepuscular – a ideia do corpo frágil a ser protegido, desde que aquela mulher pertença à classe certa e possua a cor adequada. A ampliação progressiva do número de cesáreas entre mulheres da elite, associada a um processo fabril e violento de parto normal, construiu a falácia de maior segurança da cesariana. Desse modo, ambos os processos de parto em disputa são violentos. Um parto por via vaginal que subjuga a mulher é violento. Não é difícil visualizar a cena: macas enfileiradas em um quarto fechado, por vezes sem janelas, onde gestantes em trabalho de parto permanecem deitadas, sozinhas, não fosse a presença das outras. Estando, contudo, cada uma vivenciando seu próprio processo, estão todas de fato sozinhas. Nesse contexto, sobrepõem-se intervenções múltiplas. Quando o nascimento se anuncia, a mulher, sentindo as dores do período expulsivo e fragilizada pelo processo vivenciado, é conduzida para a mesa de parto. Lá, deitada, em uma posição que contraria a fisiologia do seu corpo, é pedido que faça força. Se essa força não se adequar aos padrões de quem a acompanha, sua barriga é empurrada. É a chamada Manobra de Kristeller, proscrita em decorrência do seu potencial lesivo. Esse empurrão, além de dores e falta de ar, promove lacerações. Mas uma laceração já fora realizada: um corte no períneo nomeado episiotomia. Seus defensores justificam sua importância para evitar lacerações, o que é um contrassenso. Produz-se uma laceração para evitar uma laceração? "Ah, mas é um corte dirigido, para não sair rasgando tudo". A questão é que um parto natural não sai "rasgando tudo", a não ser que quem assiste imponha intervenções que o provoquem, como a Kristeller. Uma cesariana, contudo, tendo mais riscos que um parto natural (bem conduzido), torna-se violenta quando imposta e/ou desnecessária. Aqui cabe ressaltar que são múltiplas as formas de imposição. Se criar justificativas fictícias para sua realização é uma forma óbvia de indução, construir uma estrutura violenta de parto vaginal como única alternativa é um mecanismo ainda mais eficaz.

A violência simbólica associada ao parto e ao nascimento começa a ser questionada a partir do descortinar das contradições entre os processos hegemônicos e a convergência entre discursos sociais e científicos. É desse modo que o chamado movimento de humanização do parto inicia-se na década de 1970, coincidindo com a emergência do conceito de gênero e com o fortalecimento da segunda onda do movimento feminista e do feminismo negro, e tendo por base todas as lutas femininas até então escritas ou silenciadas.

A progressiva valorização da medicina baseada em evidências passa a expor os prejuízos associados às formas intervencionistas de assistência, reescrevendo o parto como um processo fisiológico. A aproximação com as ciências sociais amplia o debate, trazendo à pauta questões sobre poder, autonomia e exercício de direitos. Ganham força, assim, de forma independente e simultânea em diversos países, movimentos que se propunham a melhorar a qualidade da interação entre parturiente e profissionais, priorizando a tecnologia apropriada e o respeito à autonomia feminina. No Brasil, esse movimento foi chamado de *humanização do parto,* consolidando-se em 1993, com a fundação da Rede pela Humanização do Parto e do Nascimento.

Sendo assim, por que ainda existe tanta resistência entre profissionais da saúde, principalmente da medicina, à assistência humanizada ao parto? Por que existe tanto receio em se reconhecer a violência que tem historicamente permeado os processos de parto e nascimento? Por que, mesmo quando se reconhece, é frequente o uso de subterfúgios para evitar o uso da expressão devida, adotando em substituição os termos "abusos, desrespeito e maus-tratos durante o parto nas instituições de saúde" (Oms, 2014)?

Ocorre que o silêncio é contingente do enunciatório, ou seja, as palavras que silenciamos dizem mais sobre as nossas formações ideológicas do que as que escolhemos verbalizar (Orlandi, 1998). As práticas discursivas dos profissionais de saúde são moldadas sobre fundamentos políticos e econômicos diretamente relacionados às estruturas de poder e controle da vida. Desse modo, mesmo para profissionais que reconhecem a violência inerente a determinadas práticas, nomeá-las como tal é uma ferida narcísica pujante. Some-se a isso um contexto assistencial que naturaliza a exclusão em diversos níveis, construindo a dura realidade em que a maioria das mortes maternas decorrem de causas evitáveis e estão relacionadas à cor e à classe social da mulher (Leal *et al.*, 2014). Essa violência não é, portanto, apenas direta. Ela é estrutural e reflete o patriarcalismo, o racismo, o classismo, o capacitismo e a heteronormatividade que vigoram em nossa sociedade.

Não à toa, os números convergem. A indicação desnecessária de cesariana ou sua imposição são um dos tipos de violência obstétrica. A América Latina é a região do mundo com as maiores taxas de cesáreas, correspondendo a 44,3% dos nascimentos em 2015 (Boerma *et al.*, 2018). Segundo relatório publicado em 2017 pela da ONU Mulheres,[3] a América Latina é o local mais perigoso do mundo para ser mulher, fora de uma zona de guerra, com nove feminicídios por dia, mesmo diante do subregistro. Segundo país em número de cesáreas, com 55,5% dos nascimentos por via cirúrgica, o Brasil é o quinto país do mundo em assassinatos de mulheres, com 4,8 homicídios entre 100 mil habitantes. Ressalte-se que cerca de 50% destes é perpetrado pelo companheiro (marido ou namorado), colocando abaixo a falácia que associa esses números à criminalidade urbana. Relatório da Organização Pan-Americana de Saúde (OPAS) em colaboração com o Centro de Controle de Doenças dos Estudos Unidos (CDC)[4] mostra que a violência sexual contra as mulheres por parceiro íntimo é generalizada em toda a América Latina. Entre 17% e 53% das mulheres entrevistadas relataram violência física ou sexual por parceiro íntimo.

A convergência entre as epidemiologias das diferentes violências não cabe ao acaso, sendo tampouco mera coincidência. É reflexo de uma estrutura que vem se adaptando dentro da historicidade para manter relações hierárquicas e que tem instrumentalizado até mesmo movimentos de resistência. Esse é um dos grandes desafios do movimento de humanização do parto: estar atento às pactuações!

Uma armadilha frequente para o movimento de humanização é a ressignificação da autonomia. Nesse contexto, é importante discutirmos um pouco sobre o significado desse princípio. A bioética – ética aplicada à atuação profissional na saúde – é regida por quatro princípios:

---

[3] Relatório "Do compromisso à ação: políticas para erradicar a violência contra as mulheres na América Latina e no Caribe", disponível no endereço eletrônico: http://bit.ly/2Z5FWRF

[4] Relatório "Violência Contra a Mulher na América Latina e Caribe: uma análise comparativa da população com base em dados de 12 países", disponível no endereço eletrônico: https://bit.ly/3pau4bN

respeito pela autonomia, não maleficência, beneficência e justiça, aos quais se inserem quatro regras essenciais – veracidade, fidelidade, confidencialidade e privacidade. O princípio do respeito pela autonomia afirma a capacidade do indivíduo para a autodeterminação, desde que respeitada a veracidade como condição. Isso significa que, para o exercício da autonomia, não basta a abstenção de interferência nas escolhas pessoais, sendo fundamental a existência de condições que permitam escolhas de fato autônomas (Beauchamp; Childress, 2002). É, portanto, uma armadilha capciosa o uso do direito da autonomia para justificar a generalização da "possibilidade de escolha" pela cesariana, sem assegurar possibilidades de um parto vaginal respeitoso e baseado nas melhores evidências científicas. Quando a estrutura de parto vaginal predominante na maioria das instituições ainda é predominantemente violenta e o acesso a equipes de assistência ao parto humanizado não é acessível à maioria das mulheres devido ao alto custo, não se assegura uma escolha livremente autônoma.

Além disso, é crucial não cair na armadilha da uniformização. A violência obstétrica, conquanto possa afetar todas as mulheres, não o faz de modo igualitário. Pensar violência obstétrica é pensar interseccionalidade ou pactuar com o sistema.

Dada a construção cultural em torno da maternidade, os profissionais ditos "humanizados" precisam estar atentos para evitar a arapuca da ressignificação do mito do herói, sustendo a centralização no/a profissional. Essa armadilha frequentemente conduz a outra: o risco da imposição (nem sempre sutil) de técnicas que compõem o arcabouço do parto humanizado, sem, contudo, garantir uma escolha autônoma.

Com a ampliação da busca pelo parto humanizado, diversos profissionais, cujas formações ideológicas estão arraigadas nos modelos hierárquicos, têm se adaptado por uma questão de mercado. Essa nova armadilha conduz a mudanças assistenciais meramente cosméticas e pode contribuir para a perpetuação de formações ideológicas de subordinação.

Este é um ponto crucial: a mudança da estrutura demanda uma posição crítica contra os efeitos disciplinares que atuam sobre todas as formações identitárias. Mudar na forma e não na cultura é o modo mais eficaz de permanecer, de modo que o processo de humanização do parto precisa estar atento para não ser também instrumentalizado. Como nos fala Donna Haraway (2006, p. 86), "disputas em torno dos significados da escrita são uma forma importante da luta política contemporânea", e o acesso ao poder de significar deve ser explorado, "mas desta vez o poder não deve ser nem fálico nem inocente".

Referências

BADINTER, E. *Um amor conquistado: o mito do amor materno*. Rio de Janeiro: Nova Fronteira, 1985.

BEAUCHAMP, T. L.; CHILDRESS, J. F. *Princípios de ética biomédica*. 4. ed. São Paulo: Loyola, 2002.

BIRMAN, J. *Cartografias do feminino*. São Paulo: Editora 34, 1999.

BOERMA, T.; RONSMANS C.; MELESSE, D. Y.; BARROS, A. J. D.; BARROS, F. C.; JUAN, L.; MOLLER, A. B.; SAY, L.; HOSSEINPOOR, A. R.; YI, M.; RABELLO NETO, D. L.; TEMMERMAN, M. Global Epidemiology of Use of and Disparities in Caesarean Sections. *The Lancet*, v. 392, n. 10.155, p. 1341-1348, 2018.

BRAH, A.; PHOENIX, A. Ain't I a Woman? Revisiting Intersectionality. *Journal of International Women Studies*, v. 5, n. 3, p. 75-86, 2004.

BUTLER, J. *Problemas de gênero: feminismo e subversão da identidade*. Rio de Janeiro: Civilização Brasileira, 2010.

CROSS, F. L.; LIVINGSTONE, E. A. (Ed.). *The Oxford Dictionary of the Christian Church*. New York: Oxford University Press, 2005.

DELEUZE, G. O que é um dispositivo? *In*: *O mistério de Ariana*. Lisboa: Veja, 1996. p. 83-96.

DERRIDA, J. *Of Grammatology*. Baltimore: Johns Hopkins University Press, 1976.

EHRENREICH, B.; ENGLISH, D. *Bruxas, parteiras e enfermeiras: uma história das curandeiras*. The Feminist Press, 1973.

FOUCAULT, M. *História da sexualidade I: a vontade de saber*. Rio de Janeiro: Graal, 1988.

FOUCAULT, M. Sobre a história da sexualidade. *In*: *Microfísica do poder*. Rio de Janeiro: Graal, 1995. p. 243-276.

HARAWAY, D. A Cyborg Manifesto: Science, Technology and Socialist-Feminism in the Late 20th Century. *In*: WEISS, J.; NOLAN, J.; HUNSINGER, J.; TRIFONAS P. (Ed.). *The International Handbook of Virtual Learning Environments*. Springer: Dordrecht, 2006. p. 117-158.

LAQUEUR, T. *La construcción del sexo: cuerpo y gênero desde los griegos hasta Freud*. Madrid: Ediciones Cátedra, 1994.

LEAL, M.; PEREIRA, A. P.; DOMINGUES, R. M.; THEME FILHA, M. M.; DIAS, M. A.; NAKAMURA-PEREIRA, M.; BASTOS, M. H.; GAMA, S. G. Obstetric Interventions During Labor and Childbirth in Brazilian Low-risk Women. *Cadernos de Saúde Publica*, Rio e Janeiro, v. 30, p. 1-16, 2014. Suplemento 1.

MAGALHÃES, F. *A obstetrícia no Brasil*. Rio de Janeiro: Leite Ribeiro, 1922.

MCGREGOR, D. K. *From Midwives to Medicine: The Birth of American Gynecology*. New Brunswick; New Jersey; London: Rutgers University Press, 1998.

ORGANIZAÇÃO MUNDIAL DA SAÚDE (OMS). Prevenção e eliminação de abusos, desrespeito e maus-tratos durante o parto em instituições de saúde. 2014. Disponível em: encurtador.com.br/qBCT0. Acesso em: 10 dez. 2020.

ORLANDI, E. *A leitura e os leitores*. Campinas: Pontes; 1998.

RUETHER, R. R. *Goddesses and the Divine Feminine: A Western Religious History*. Berkeley; Los Angeles; London: University of California Press, 2005.

WERTZ, D. Twilight Sleep. *In*: ROTHMAN, B. K. (Ed.). *The Encyclopedia of Chilbearing*. New York: Oryx Press, 1993. p. 403-405.

ZANELLO, V. *Saúde mental, gênero e dispositivos: cultura e processos de subjetivação*. Curitiba: Appris, 2018.

ZANELLO, V.; FIUZA, G.; COSTA, H. S. Saúde mental e gênero: facetas gendradas do sofrimento psíquico. *Fractal: Revista de Psicologia*, v. 27, n. 3, p. 238-246, 2015.

Maternidade, racismo e corpo

Daniela Roberta Antonio Rosa

Mãe preta: o cuidado desdobrado ou transferido

A expressão "mãe preta" é bastante presente em nosso imaginário e em nossa história. É uma expressão que tem como lastro a escravização de mulheres negras e a fixação destas como figuras centrais no cuidado de bebês e crianças de seus patrões.

Por isso, falar hoje em parentalidade de pessoas negras é colocar-se em uma posição de recusa desse papel tão recorrente em nossa cultura, tão presente em nossa memória da plantação e consequentemente tão afastado de qualquer agência das mulheres negras em nosso passado colonial e escravista. É constituir um novo papel que irá deslocar o objeto de cuidado ofertado por essas mulheres para os seus próprios filhos. Nesse caso, um cuidado ampliado para além das fronteiras do corpo e da mente, mas também para a constituição de um sujeito, apesar das constantes tentativas de mutilação simbólica a que é exposto.

A figura da mãe preta – amas de leite e mucamas, mulheres que conviviam na casa-grande – é parte de um universo de imagens estereotipadas de homens e mulheres que juntas constituem os padrões de subjetividades negras que nos habituamos, enquanto sociedade, a reconhecer como reais e que ainda hoje seguem reproduzidos, sendo alvo de críticas dos movimentos sociais negros. As figuras da "mulata", do malandro, da mãe preta abnegada são exemplos que, reeditados ao longo dos anos pós-abolição, seguem reconhecíveis ainda na atualidade – as figuras femininas tendo sido acionadas sempre da perspectiva da corporeidade, seja como fonte do prazer senhorial, seja para a lucrativa reprodução de "peças" a serem escravizadas, seja ainda como fonte de cuidados da infância. A isso Rita Segato (2006, p. 4) chamou de "desdobramento da maternidade", em que havia "a mãe biológica e jurídica, geralmente fundidas em uma só, e a mãe que de fato toma conta", sendo ela contratada ou escravizada. A mesma figura que, já em meados do século XIX e início do XX, o discurso higienista passaria a considerar um risco à saúde das crianças, dando lugar à ama-seca e à babá: "Este deslizamento da ama de leite para a ama-seca como mãe substituta foi consequência das pressões higienistas exercidas sobre a sociedade nos consultórios médicos e através da imprensa escrita na época", ponderou Segato (p. 4) em outro trecho de seu texto dedicado a esta reflexão.

Essa perspectiva já estava presente no discurso médico de meados do século XIX e fica explícita no trecho da tese de Miguel Antonio Herédia de Sá, apresentada à Faculdade de Medicina do Rio de Janeiro em 1845:

> Sórdidas, escravas, devassas, de organizações contaminadas pelos vícios sifilíticos, bobáticos, etc., são as encarregadas da saúde e futuro das infelizes crianças, que com o leite bebem a peçonha que há de envenenar a vida, augurando-lhes um ponto de moléstias e dores. Ninguém se importa que a ama de seu filho tenha tido enfermidades contagiosas, contanto que a aparência seja de saúde, seja aparentemente boa, embora os filhos desta assassina ama, inocentes vítimas, definhem miseravelmente sofrendo os resultados dos vícios de seus asquerosos pais (SÁ, 1845, p. 15).

Curioso observar que em sua análise o autor se refere ao fato de haver crianças nascidas dessas mães negras e escravizadas, a quem ele chama de "sórdidas" e "devassas", que definham miseravelmente. No entanto, atribui aos "vícios de seus asquerosos pais", e não à lógica da escravidão, cuja estrutura impedia que muitas dessas crianças recebessem o cuidado necessário, tendo, inúmeras vezes, o seio de suas mães ocupados pelos filhos e filhas dos senhores escravocratas.

Portanto, o que os documentos da época evidenciam é que tais recomendações não foram acatadas tão prontamente. Se antes do século XIX a utilização dos serviços dessas mulheres era uma prática comum nas famílias mais abastadas, tais serviços começam então a ser demanda também da classe média, como é possível observar em anúncios de jornais da época, nos quais a busca por esses serviços era bastante recorrente. Suely Gomes Costa (2002, p. 305) chamou de maternidade transferida a essa prática de "longa duração histórica" e "presente na vida social desde os primórdios da vida colonial".

E a recomendação de que a tomada desse serviço fosse evitada ou feita desde que rigorosas precauções fossem tomadas, a partir da busca de mulheres com origem conhecidas, dava-se exclusivamente pelo temor de que algum risco sanitário pudesse espreitar crianças brancas cuidadas e alimentadas por essas mulheres.

> A este período pertencem precisamente aqueles abolicionistas movidos pelas más razões. Refiro-me por exemplo, a personagens como os escritos por Joaquim Manuel Macedo, autor do romance *As Vítimas Algozes*, defensores do fim da escravidão não por razões humanitárias, mas para preservar os brancos da contaminação e da corrupção moral que a presença de negros na intimidade da casa senhorial estariam a introduzir (Segato, 2006, p. 05).

Outros autores do século XIX tiveram suas obras declaradas abolicionistas partindo de representações semelhantes, sendo a peça *O demônio familiar*, de José de Alencar, outro exemplo interessante desse discurso. Nela, o "moleque" Pedro, figura também recorrente em nosso imaginário e em nossa sociedade colonial e escravista – em que era considerado um "ente necessário, indispensável" –, é descrito como aquele "que se acha em casa do fazendeiro em todos os cantos; é como o ar que se encontra em toda parte; como o sol que tudo vê e observa. O moleque, oh! Como passar sem ele na roça? Não se pede um copo d'água, não se move uma cadeira, não se dá um espirro sem que se veja o moleque do lado" (Magalhães Júnior, 1971). Essa figura tão comum no cenário colonial motiva o título da peça e o reconhecimento desta como abolicionista, pois a forma mais adequada de se livrar desse demônio é dando-lhe a alforria e, portanto, afastando da família os riscos por ele representados. A fala do personagem Eduardo, dono de Pedro, dá essa dimensão: "Os antigos acreditavam que toda casa era habitada por um demônio familiar, do qual dependiam o sossego e a tranquilidade das pessoas que nela vivia. Nós, os brasileiros, realizamos infelizmente esta crença; temos no nosso lar doméstico este demônio familiar" (Aguiar, 1998, p. 77).

Na peça *Mãe*, do mesmo autor, a personagem Joana, escrava, comete suicídio. Desejava deixar Jorge – personagem de quem cuida como mãe adotiva, embora seja seu filho de sangue com um homem branco – livre da mácula que ser seu filho poderia representar naquela sociedade. Quando Jorge descobre ter sido criado por sua verdadeira mãe, pensando ser esta uma escrava, seu casamento com uma mulher de família abastada fica em risco. Jorge não renega a mãe, e esta então se mata para deixar livre o caminho do filho. Agonizando nos braços dele, tenta convencê-lo de que não é sua mãe e pede para lhe dar um último beijo na testa, logo depois de suplicar a Elisa, noiva de Jorge, que não o abandone e que cuide dele.

Esses dois desfechos e a maneira como foram interpretados na época nos remetem a um sentimento recorrente e estimulado no período escravista – especialmente em sua fase final e imediatamente posterior: o medo. Examinado como dado histórico pela pesquisadora Célia Maria Marinho de Azevedo, o medo se torna um elemento fundamental para que nesse período de transição se mantenha a marginalização do negro, "lembrando a todos que no dia-a-dia das relações humanas nada mudou" (Azevedo, 1987, p. 19).

Para além do medo como um recurso coercitivo e da defesa da abolição como protetiva para a elite, a compreensão do campo de fenômenos que moldam as facetas da função parental de pessoas negras também precisa contar com a leitura histórico-sociológica desse período a partir de outro ponto para a compreensão de elementos fundantes de nossa sociedade e, principalmente, do "lugar do negro" no processo de constituição desta. Para isso, voltamo-nos a outro recorte específico, cuja leitura e interpretação são capazes de nos fornecer elementos centrais para a análise aqui proposta. Um período de transição pode ser fonte de uma análise bastante interessante para pensarmos a constituição do campo que temos atualmente diante de nossos olhos, e o discurso científico delineado a partir de meados do século XIX é fundamental nesse contexto.

Discurso científico

A abolição colocou um fim legal ao processo de exploração do trabalho de africanos e seus descendentes escravizados, processo que tinha por si só nuances que não fizeram desses quase três séculos anteriores algo homogêneo. O sistema impiedoso de obtenção e controle do trabalho constituiu-se como o primeiro na história da humanidade a tornar escravo o diferente, aquele que poderia ser facilmente identificado. Oportunamente, na Europa do século XIV, onde, de acordo com alguns historiadores, tornava-se cada vez mais distante a possibilidade de escravizar cristãos/iguais, os negros africanos passavam a representar o grupo que preencheria esse lugar e, a um só tempo, seria a personificação da inferioridade. Inferioridade apontada em todas as formas de ser e estar no mundo, práticas que seriam apontadas como comprovação da ideia de que tais indivíduos não seriam humanos.

Portanto, a valoração do outro, inerente ao processo de encontro de grupos humanos diferentes, seja em termos físicos, seja em termos religiosos ou em relação às práticas culturais diversas, e que resulta nas mais variadas formas de discriminação, era um elemento central no processo que tornou a escravização de africanos a força motriz na constituição material de parte considerável do mundo capitalista, e que no Brasil exprime ainda hoje um ponto de partida para o cenário que reconhecemos.

É relevante pontuar que, embora a assinatura da Lei Áurea represente o ponto final legal da escravidão, em diversas localidades de nosso país há relatos de homens e mulheres mantidos em condição de escravidão, ou reconduzidos a ela, anos após a promulgação da lei. Mas, para efeitos desta análise, cabe destacar que, na ausência de coerção física, legal e religiosamente embasada, bem como na ausência da possibilidade de manter cativa a massa despreparada, houve a necessidade de buscar também um discurso científico para naturalizar as diferenças social e historicamente impostas. A população negra egressa da escravidão e, na esmagadora maioria, alijada de qualquer preparo ou formação para ocupar um espaço de dignidade na sociedade brasileira seria recebida com um discurso perverso em relação ao déficit que apresentavam em muitos níveis. O acesso jurídico à liberdade não significava acesso à igualdade, e o discurso científico estava bastante empenhado em garantir isso:

> Os modelos que explicavam o atraso brasileiro em relação ao mundo ocidental passavam a justificar novas formas de inferioridade. Negros, africanos, trabalhadores, escravos e ex-escravos – "classes perigosas" a partir de então – nas palavras de Silvio Romero transformavam-se em "objetos de sciencia" (prefácio a Rodrigues, 1933/88). Era a partir da ciência que se reconheciam diferenças e se determinavam inferioridades (Schwarcz, 1993, p. 28).

Podemos perceber o esforço da *intelligentsia* brasileira em compor, tanto no nível do discurso quanto na elaboração teórica, mecanismos que buscavam mostrar ao mundo e às elites do país que a ameaça, o risco e o vício que este grupo – já sem a função primordial que motivou sua presença no país – representava para a nação estavam sob controle. Para o projeto de nação desejado no palco de tantos contextos e transformações políticas e sociais, o negro passava a ser um entrave para tudo que se almejava naquele momento de nossa história. O determinismo racial ganha força, e, lidos de uma forma muito particular, teorias e pensamentos até então desconhecidos ou pouco debatidos no Brasil, como o positivismo, o evolucionismo e o darwinismo, reúnem adeptos e divulgadores a partir de 1870. Essa elaboração teórica passou rapidamente a orientar o discurso e ser, inclusive, apresentada internacionalmente como uma solução:

> "Como representante de um 'típico país miscigenado' é que João Batista Lacerda, então diretor do Museu Nacional do Rio de Janeiro, era convidado participar do I Congresso Internacional das Raças, realizado em 11 de julho de 1911. A tese apresentada, 'Sur les métis au Brésil', era clara e direta: o Brasil mestiço de hoje tem no branqueamento em um século sua perspectiva, saída e solução"

> (Lacerda, 1911). O ensaio, já em si contundente, trazia na abertura a reprodução do quadro de M. Brocos, artista da Escola de Belas Artes do Rio de Janeiro, acompanhado da seguinte legenda: "Le nègre passant au blanc, à la troisième génération, par le l'effet du croisement de races" (Schwarcz, 1993, p. 11).

O quadro citado, e usado pelo referido diretor do museu nacional do Rio de Janeiro como ilustração daquilo que seria o Brasil após três gerações, traz exatamente em seu centro um bebê branco que se encontra posicionado no colo de sua mãe, mestiça, que por sua vez encontra-se ladeada por um homem branco, supostamente seu companheiro e pai da criança, e uma mulher negra retinta. Esta última tem as mãos levemente levantadas em direção ao céu, supostamente em sinal de agradecimento. Estaria grata por ver seu neto já "completamente" branco, a partir da "mistura" supostamente iniciada em seu ventre. O curioso é que, nesse contexto atribuído ao quadro, uma das funções parentais seria também (e de maneira crucial) a de orientar uniões que branqueassem os descendentes, podendo assim afastá-los do fardo que decorreria de ter traços negros.

Essa postura na relação parental negra, à primeira vista paradoxal, foi iluminada por alguns autores e autoras que se propuseram a analisar as especificidades de nossas relações raciais. A psicanalista Neusa dos Santos Souza, em seu livro emblemático *Tornar-se negro*, apresenta e analisa falas com este teor:

> Minha avó, ela diz que quer se casar de novo: "casar com um francês para clarear a família". Quando a gente (as netas) está namorando, ela pergunta se é preto ou branco. Diz que tem que clarear a família. O clarear não é só a questão da pele, porque o negro é o símbolo de miséria, de fome. De repente, clarear é também a ascensão econômica e social. Se for um cara negro, que tenha condição econômica e social boa, tudo bem. Tem um lance de cor, mas no sentido de que cor (preta) lembra miséria (Souza, 1983, p. 36).

O teor desse relato é recorrente na fala de diversos negros e negras ao comentarem sobre seus relacionamentos amorosos e os conselhos familiares recebidos a respeito destes. Isso indica o quão complexo o debate se torna, uma vez que o discurso depreciativo passa a ser também reproduzido pelo grupo que é alvo de opressão. Antagonicamente, a função parental se mantém, naquilo que lhe cabe em termos de proteção e orientação na criação de relações. E essas circunstâncias colocam outro desafio para a análise de tais conteúdos: não equipará-los às manifestações de cunho racista perpetradas por não negros, mas sim reconhecê-las como mais um dos resultados dessas manifestações. Em outras palavras, é compreender o racismo como um sistema de poder segundo o qual em cada lugar há um grupo que é oprimido com base na crença de superioridade de outro. Portanto, ainda que reprodutor de máximas racistas e excludentes, membros do grupo oprimido não se servem dos privilégios desse sistema.

Perinatalidade de mulheres negras

A pesquisadora, escritora e artista plástica portuguesa de origem angolana Grada Kilomba deu ao seu livro, resultado de sua pesquisa de doutoramento na Alemanha, o título *Memórias da plantação*. Nele, a autora apresenta e analisa episódios de racismo presentes na vida cotidiana de pessoas negras. Relembrar seu texto e sua análise é oportuno, uma vez que os dados frequentemente divulgados demonstram as imensas discrepâncias relacionadas aos negros nos mais variados níveis, como a memória, conforme a autora nos leva a compreender, mas também como ressignificações para a manutenção de privilégios raciais, já parte da estrutura de nossa sociedade e relações. Os dados relacionados à perinatalidade e estratificados por raça/cor são amostra disso:

> Ao longo das últimas décadas, vem sendo produzido um expressivo conjunto de evidências que aponta para importantes disparidades raciais no Brasil nas mais diversas dimensões da vida social, incluindo educação, emprego, condições de moradia. As desigualdades segundo raça/cor também têm sido documentadas nas pesquisas em saúde, com os seguimentos socialmente menos favorecidos, incluindo pretos, pardos e indígenas, apresentando níveis mais elevados de adoecimento e de morte por causas evitáveis, desde

> as doenças infectoparasitárias até aquelas relacionadas à violência (Leal *et al.*, 2017, p. 2).

Os dados ligados à perinatalidade, um dos pontos inaugurais do exercício da parentalidade, são bastante assustadores, especialmente quando nos vemos diante da informação de que a "razão de mortalidade materna é maior duas vezes e meia em mulheres pretas que em mulheres brancas no Brasil". E de que, "muito embora tenham sido alcançadas coberturas universais de pré-natal e assistência hospitalar ao parto, estudos têm mostrado falhas na equidade da assistência prestada, contribuindo para esses desfechos negativos, tanto em relação à saúde materna quanto do recém-nascido" (Leal *et al.*, 2017, p. 2).

Tais considerações são apresentadas no artigo "A cor da dor: iniquidades raciais na atenção pré-natal e ao parto no Brasil", que realizou uma análise ainda rara no país, buscando dados sobre a experiência da gestação e do parto a partir de influências de raça/cor. Os dados utilizados para análise são oriundos da pesquisa Nascer no Brasil: Pesquisa Nacional Sobre Parto e Nascimento, um estudo de base populacional de abrangência nacional com entrevistas e avaliação de prontuários de 23.894 mulheres em 2011 e 2012. O estudo apresentou resultados alarmantes:

> Em comparação às brancas, puérperas de cor preta possuíram maior risco de terem um pré-natal inadequado [...], falta de vinculação à maternidade [...], ausência de acompanhante [...], peregrinação para o parto [...] e menos anestesia local para episiotomia [...]. Puérperas de cor parda também tiveram maior risco de terem um pré-natal inadequado [...] e ausência de acompanhante [...] quando comparadas às brancas. Foram identificadas disparidades raciais no processo de atenção à gestação e ao parto evidenciando um gradiente de pior para melhor cuidado entre mulheres pretas, pardas e brancas (Leal *et al.*, 2017, [s.p.]).

Dados relativos à pobreza e à violência também são parte do quadro dos enfrentamentos que estão postos na vivência da parentalidade de pessoas negras em nosso país. E os números da Pesquisa Nacional por Amostragem de Domicílio (PNAD) de 2015 nos mostram que, apesar de negros e pardos representarem 54% da população brasileira na época, a participação destes no grupo dos 10% mais pobres era muito maior, chegando a 75%. Indicadores da educação apontam uma maior taxa de analfabetismo entre os negros e negras (9,9%) do que entre os declarados brancos (4,2%). O Atlas da Violência de 2019 traz números estarrecedores em relação a esse cenário e nos mostra que:

> a violência continua recaindo sobre os corpos negros em um processo iniciado com a escravidão e que chega, sem interrupção, a 2017, ano em que 75,5% das vítimas de homicídios foram indivíduos negros. Isso é o mesmo que dizer que para cada indivíduo não negro que sofreu homicídio em 2017, aproximadamente, 2,7 negros foram mortos. O que atesta o uso da expressão "genocídio da população negra" (Atlas da Violência, 2019).

Os eventos, dados e análises apresentados até aqui compõem um panorama dos efeitos de nosso padrão de relações étnico-raciais e formam uma espécie de mosaico dos desafios enfrentados por pessoas negras no exercício da parentalidade. A garantia de integridade física e emocional, educação e suporte material, próprios do cuidado parental, é atravessada por aquilo que constitui o alicerce de nossas relações historicamente estabelecidas e cotidianamente retomadas, reformuladas e reapresentadas de variadas formas, mas sempre num esforço de evidenciar o lugar que corpos negros devem ocupar em nossa sociedade. Portanto, além de promover a criação atravessada por tais elementos, a parentalidade de pessoas negras – enquanto recorte necessário para uma atenção individualizada – se constitui também a partir de um esforço de humanizar aqueles que estão sob seus cuidados e responsabilidade, deslocá-los do lugar de silenciamento e ignorância e torná-los viáveis social, cultural e psicologicamente.

Existem na atualidade (especialmente nas redes sociais) grupos de mães, pais e cuidadores negros que vêm buscando construir uma compreensão ampliada de corpos negros para além de discursos normativos da branquitude, condizendo, assim, com a função que lhes cabe na parentalidade e avançando para uma ressignificação dos corpos de que são responsáveis.

Referências

AGUIAR, Flávio. *A aventura realista do teatro musicado*. São Paulo: Ed. Senac. 1998.

ATLAS DA VIOLÊNCIA 2019. Organizadores: Instituto de Pesquisa Econômica Aplicada; Fórum Brasileiro de Segurança Pública. Brasília; Rio de Janeiro; São Paulo: Instituto de Pesquisa Econômica Aplicada; Fórum Brasileiro de Segurança Pública.

AZEVEDO, Célia Maria Marinho de. *Onda negra, medo branco: o negro no imaginário das elites, século XIX*. São Paulo: Annablume, 1987.

GOMES COSTA, Suely. Proteção social, maternidade transferida e lutas pela saúde reprodutiva. *Revista de Estudos Feministas,* n. 2, 2002, p. 301-323.

KILOMBA, Grada. *Memórias da plantação: episódios de racismo cotidiano*. Trad. Jess Oliveira. 1. ed. Rio de Janeiro: Cobogó, 2019.

LEAL, Maria do Carmo *et al.* A cor da dor: iniquidades raciais na atenção pré-natal e ao parto no Brasil. *Cadernos de Saúde Pública*, Rio de Janeiro, v. 33, supl. 1, e00078816, 2017. Disponível em: http://bit.ly/3qwjsFH. Acesso em: 13 jan. 2021.

MAGALHAES Jr., Raimundo. *Martins Pena e sua época*. Rio de Janeiro: Lisa-Mec, 1971.

SÁ, Miguel Antonio Herédia de. *Algumas reflexões sobre a cópula, onanismo e prostituição do Rio de Janeiro.* Tese (Livre Docência) – Faculdade de Medicina do Rio de Janeiro, 1845.

SEGATO, Rita Laura. *O Édipo Brasileiro: A dupla negação de gênero e raça*. Brasília: Departamento de Antropologia, UnB, 2006. (Série Antropologia 400).

SCHWARCZ, Lilia Moritz. *O espetáculo das raças. Cientistas, instituições e questão racial no Brasil, 1870-1930*. São Paulo: Companhia das Letras, 1993. 287p.

SOUZA, Neuza Santos.T*ornar-se negro: as vicissitudes da identidade do negro Brasileiro em ascensão social.* 2. ed. Rio de Janeiro: Graal, 1983. (ColeçãoTendências; v. 4).

Sobre as autoras e os autores

Aline Veras Brilhante | Professora adjunta no PPG em Saúde Coletiva da Universidade de Fortaleza, médica ginecologista e obstetra, com especialização em Psicoterapia Psicanalítica pela SPFOR, mestrado em Saúde Coletiva pela Universidade de Fortaleza, doutorado em Saúde Coletiva pela Associação Ampla UECE-UFC-UNIFOR, e pós-doutorado em Sociologia pela Universidad Rey Juan Carlos (Madrid).

Colette Soler | Psicanalista, leciona e clinica em Paris. Membro-fundador da IF-EPFCL, AME, diplomada em Psicopatologia, doutora em Psicopatologia pelas universidades Paris V e Paris VII, respectivamente. É autora de inúmeros livros e artigos sobre a psicanálise lacaniana publicados em diferentes línguas. Dentre seus livros publicados no Brasil estão: *O inconsciente a céu aberto nas psicoses* (2002), *O que Lacan dizia das mulheres?* (2005), *O inconsciente: que é isso?* (2012), *Lacan, o inconsciente reinventado* (2012), *Lições sobre as psicoses* (2016) e *Rumo à identidade* (2018).

Daniela Roberta Antonio Rosa | Socióloga, mestre em sociologia pela UNICAMP com pesquisa sobre relações raciais e teatro negro no Brasil. Atuante como doula e educadora perinatal, pesquisadora de temas ligados a racismo e perinatalidade, palestrante e coordenadora do Espaço Sankofa na cidade de Alfenas/MG; mãe do Samuel e do Davi.

Daniele Rosa Sanches | Psicanalista. Doutora em Psicologia Clínica pela Universidade de São Paulo (USP) e mestre pela Pontifícia Universidade Católica de São Paulo (PUC-SP). Membro do Instituto Vox de Pesquisa em Psicanálise, onde realiza atividades de pesquisa e transmissão da psicanálise. Na mesma instituição, ministra um seminário sobre Clínica Lacaniana e Leituras

Diagnósticas. Conduz pesquisas que articulam psicanálise, crítica social e arte. É autora de diversos artigos e capítulos de livros. Exerce sua atividade clínica na cidade de São Paulo, em consultório particular, recebendo adultos e crianças.

Dominique Touchon Fingermann | Psicóloga pela Universidade Paul Valéry Montpellier, com especialização em Psicopatologia Clínica pela Universidade de Aix Marseille. Analista Membro de Escola (AME) da Escola de Psicanálise dos Fóruns do Campo Lacaniano – Brasil (EPFCL). Participou da fundação dos Fóruns do Campo Lacaniano no Brasil desde 1998. Atualmente pratica a psicanálise em São Paulo e em Nîmes (França). É coautora, com M. Mendes Dias, de *Por causa do pior* (Illuminuras, 2005), organizadora de *Os paradoxos da repetição* (Annablume, 2014) e autora de *A (de)formação do psicanalista* (Escuta, 2016), traduzido para o espanhol pela editora Escabel (2018) e para o francês pelas Editions Nouvelles du Champ Lacanien (2019). Ensinante de Formações Clínicas do Campo Lacaniano em São Paulo e no Collège de Clinique Psychanalytique du Sud Est (CCPSE).

Maria Helena Fernandes | Psicanalista. Doutora em Psicanálise e Psicopatologia pela Universidade Paris VII, com pós-doutoramento no Departamento de Psiquiatria da Universidade Federal de São Paulo (Unifesp). Professora do Curso de Psicanálise e professora colaboradora do Curso de Psicossomática do Instituto Sedes Sapientiae, em São Paulo. É membro dos departamentos de Psicanálise e de Psicossomática do mesmo instituto. É autora dos livros *L'hypocondrie du rêve et le silence des organes: une clinique psychanalytique du somatique* (Presses Universitaires du Septentrion, 1999), *Corpo* (Casa do Psicólogo, 2003) e *Transtornos alimentares: anorexia e bulimia* (Casa do Psicólogo, 2006).

Mauro Mendes Dias | Psicanalista. Diretor do Instituto Vox de Pesquisa em Psicanálise. Coordena a Oficina da Voz e o Grupo de Pesquisa sobre Mulheres no Vox, uma vez por mês. Coordena, em parceria com o psicanalista Luiz Eduardo, do Vox, um Seminário sobre Psicanálise e Política em torno do tema "O que querem as identidades?". Realiza apresentação de pacientes no Hospital São João de Deus. Autor de artigos e livros em psicanálise, sendo o último deles *O discurso da estupidez* (Iluminuras).

Nina Virginia de Araújo Leite | Psicanalista. Professora titular colaboradora do Instituto de Estudos da Linguagem da Universidade Estadual de Campinas

(IEL-Unicamp). Cocoordenadora da coleção Terramar, da editora Mercado de Letras. Coordenadora da coleção Litorais da Psicanálise, da Editora da Unicamp. Membro-fundadora do Outrarte (IEL-Unicamp).

Paulo Sérgio de Souza Jr. | Linguista e tradutor, exerce a psicanálise na cidade de São Paulo. Bacharel e doutor em Linguística pelo Instituto de Estudos da Linguagem da Universidade Estadual de Campinas (IEL-Unicamp), realizou pós-doutorado pela Faculdade de Letras da Universidade Federal do Rio de Janeiro (UFRJ). Atuou como professor associado junto ao Departamento de Língua Romena e Linguística Geral da Universidade A. Ioan Cuza, em Iași (2009); como tradutor residente do Instituto Cultural Romeno, em Bucareste (2013), e como professor convidado junto à pós-graduação do Departamento de Linguística Aplicada do IEL-Unicamp (2015). Coorganizou e traduziu, entre outros, o volume *Otto Gross: por uma psicanálise revolucionária* (Annablume, 2017), e é responsável pela coletânea *A psicanálise e os lestes* (v. 1: Ed. Annablume, 2017). É um dos editores da *Lacuna: Uma Revista de Psicanálise* e da plataforma J. Lacan – Escritos Avulsos.

Este livro foi composto com tipografia Adobe Garamond
e impresso em papel Off-White 90 g/m² na Formato Artes Gráficas.